UWE SEIDEL

Erzählende Bibel

88 biblische Geschichten
aus dem Alten und Neuen Testament

Für
Manuel

Impressum

Uwe Seidel
Hans-Jürgen Netz, Gaby Masanek, Eberhard Viertel
mit Bildern von Georgia Andrzejewski
Erzählende Bibel
88 biblische Geschichten
aus dem Alten und Neuen Testament

1. Auflage 2003

Postfach 321111, 40426 Düsseldorf

Redaktion und Layout: Hans-Jürgen Netz
Gesamtherstellung: contzen print GmbH, Lünen

Bestellnr. tvd 20350.1
ISBN 3-926512-50-4

UWE SEIDEL

Hans-Jürgen Netz • Gabi Masanek • Eberhard Viertel

Erzählende Bibel

88 biblische Geschichten
aus dem Alten und Neuen Testament

tvd

Geo
2002

Inhalt

Davidgeschichten

Erinnerungsgeschichten

Aus dem Neuen Testament

Jesusgeschichten

Passionsgeschichten

Kirchengeschichten

Erzähl mir die Bibel

Geschichten erzählen und zuhören, trotz TV und Computerspielen, das mögen nach wie vor die Jugendlichen aller Altersgruppen. Die hier vorliegenden gesammelten Geschichten entstanden in Schulgottesdiensten, Unterrichtsstunden und sind alle „Praxiserprobt". Beim Erzählen fand ich oft den Humor in der Bibel, den versteckten Gottes-Schalk, wenn es um die Menschen und ihre Schicksale im Alten und Neuen Testament geht. Wenn wir schwermütig und schwergewichtig das Schmunzeln Gottes ignorieren, werden wir der Größe Gottes nicht wirklich gerecht. Hier nun der Versuch, das Lächeln Gottes wieder zu entdecken.

Die Geschichten erzählen und auf ihrem Höhepunkt abbrechen, um sie das nächste Mal weiter zu erzählen, das ist zwar eine alte Methode, doch sie verstärkt die Spannung, die in den Texten der Bibel steckt. Die Gottes-Botschaft in unsere Zeit sagen, das ist der Versuch dieses Buches, aber auch um selbst die Geschichten zu lesen und lebendig zu erleben; denn nur wenn die Botschaft in mir lebendig wird, kann sie auch lebendig weiter gegeben werden.

Nicht vom Manuskript lesen, vielmehr auswendig erzählen und hier und da dem Einfall Gottes vertrauen. So haben wir jahrelang in Kirchen und Schulräumen gearbeitet und hatten eine interessierte Zuhörerschaft, einschließlich der Lehrerinnen und Lehrer. Ja, einige kamen sogar auf die Idee, die Geschichte im Religionsunterricht aufzugreifen und umzusetzen, wie den Arche-Bau, die 10 Gebote auf Tafeln, das Mana vom Himmel mit einem Agape-Mahl, natürlich auch die Weihnachtsgeschichte oder die Berufung der Jünger.

Was mir wichtig ist: Wir hatten selbst Freude, nicht selten auch Spaß beim Erzählen und der Resonanz der jungen Menschen. Dann erfuhr ich, dass auch Erwachsene und Senioren Freude hatten, die Geschichten zu hören, um sie dann selber zu erzählen. So breitete sich die Botschaft aus, und dieses möchten wir mit der Erzählenden Bibel auch erreichen.

Die Aquarelle der Franziskanerin Georgia Anrzejewski ergänzen die Geschichten und bringen ihre helle freundliche Farbe in dieses Buch.

Diese Helligkeit und Freude möchten wir Ihnen gerne vermitteln.

Seien sie gut behütet

Ihr Uwe Seidel

Aus dem Alten Testament

Urgeschichten

Abraham zieht aus

„Die vielen Götter machen einen verrückt", dachte Abraham. „Für den Tag einen Gott und für die Nacht, für den Morgen und den Abend einen Gott, für die Ziegen einen und für die Schafe auch einen, für die Fruchtbarkeit und den Regen, auch für die Sonne und den Wind immer einen Gott." Schon lange war er mit sich und der Welt unzufrieden. Er musste den Göttern opfern, damit sie zufrieden wurden, das war so üblich in Haran.

Viele kleine Götterfiguren schmückten die Altäre. Man konnte sie kaufen gegen ein Schaf oder man musste auch ein Kamel zahlen, oder einen Esel. Abraham hatte schon viel für seine Götterfiguren ausgegeben. In der letzten Zeit aber glaubte er immer weniger an sie. „Es muss einen größeren Gott geben als diese kleinen Figuren aus Ton im Wert von Schafen, Ziegen, Ochsen und Kamelen." Und in einem Anfall von Wut warf er sie alle aus dem Haus. Alles Scherben. Ein großer Scherbenhaufen.

Sarah, seine Frau, hatte das schon kommen sehen. Was Abraham dachte, las sie oft in seinem Gesicht. „Nichts ist ihm mehr heilig", dachte sie und stand vor dem Trümmerhaufen. „Die können uns nichts mehr tun", meinte Abraham, „Tonscherben haben keine Macht. An so etwas kann man doch nicht glauben. Ich glaube an so etwas nicht." Er glaubte an gar nichts mehr.

Es muss irgendwo ein Land geben, in dem wir einen mächtigeren und größeren Gott finden können als diese selbst gemachten Figuren", sagte Abraham zu seiner Frau Sarah. Und als er so redete, hörte er eine Stimme, die ihn sein ganzes Leben nicht mehr losließ: „Zieh aus deinem Vaterland, von Haus und Hof, von deinen Verwandten und Bekannten. Geh weg in ein Land, das ich dir zeigen werde. Ich will dich segnen und zu einem großen Volk machen; und alle Menschen, die von dir abstammen, sollen gesegnet sein. Ich bin mit dir." „Wir gehen von hier fort. Pack unsere Sachen, wir ziehen aus. Irgendwo gibt es ein Land, in dem wir mit dem großen Gott besser leben können als mit den kleinen Göttern hier." Sarah verstand und packte. Bald brachen sie auf. „Kann ich mit?", fragte ihr Neffe Lot. „Komm", sagte Abraham und sie zogen los ins Ungewisse.

Abraham und die bildhübsche Sarah

Das ersehnte Land war nicht so, wie sie sich das vorgestellt hatten. Das gelobte Land Kanaan wurde von Jahr zu Jahr karger und wüster. Die Tiere fanden kaum noch einen grünen Halm, die Ziegen meckerten, die Menschen auch. Sie alle litten unter einer großen Hungersnot. „Komm", sagte Abraham zu Sarah, seiner Frau, und zu Lot, seinem Neffen, „wir ziehen nach Ägypten. Dort fließt der Nil. Dort ist es grün. Dort können wir überleben. Wenn wir auch Fremde sind im Land, vielleicht haben wir Glück." Und sie zogen los.

Kurz bevor sie ankamen, nahm Abraham seine Frau Sarah beiseite: „Sieh, Sarah", sagte er zu ihr, „du bist sehr hübsch." Sarah nickte und lächelte. „Die Ägypter werden dir nachschauen und dich haben wollen. Wenn sie erfahren, dass du meine Frau bist, werden sie mich erschlagen, damit sie dich bekommen können. Weißt du, wir tun so, als wärest du meine Schwester." Sarah nickte, aber sie lächelte nicht mehr.

Als sie nun nach Ägypten kamen, sahen die Ägypter die Schönheit von Sarah und es sprach sich in Windeseile herum. Sogar der Pharao hörte davon und lud sie zu einem großen Essen ein. Abraham bekam dafür Schafe, Rinder, Esel und Kamele, sogar Knechte und Mägde. So reich war der Pharao und so schön war Sarah. Der Pharao hatte sich in Sarah verliebt. Abraham knirschte mit den Zähnen. Lot, sein Neffe, redete ihm zwar immer wieder gut zu, aber es half ihm nichts. Auch der Pharao war nicht mehr glücklich mit Sarah. Er hatte von dem Gerücht gehört, dass Sarah nicht die Schwester, sondern die Frau des Abraham war. Die Spatzen pfiffen es schon von den Dächern. Er hatte keine Ruhe mehr und wurde von schlimmen Gedanken geplagt.

Da rief der Pharao Abraham zu sich: „Warum hast du das getan?", fragte er ihn, „warum hast du mir nicht gesagt, dass sie deine Frau ist? Meinst du, ich hätte dich umbringen lassen, nur um die schöne Sarah zu bekommen? Dein Gott hat mich Tag und Nacht geplagt. Ich kann das nicht mehr aushalten. Ich habe erlebt, dass euer Gott euch beschützt – Sarah und dich und deinen Neffen Lot. Hier habt ihr Geld für die Reise. Salam, Gott schütze euch."

Und er gab ihnen Leute mit, die sie begleiteten. Abraham sah es ein, er hatte einen großen Fehler gemacht. Er hatte sich nicht auf seinen Gott verlassen. Der Pharao hatte es ihm sagen müssen: Gott ist mit dir und er beschützt dich überall – auch in der Fremde.

Abraham und sein Neffe Lot

Sie kamen wieder dort an, von wo sie ausgezogen waren. Abraham erkannte die Stellen wieder, an denen er für seinen Gott Altäre gebaut hatte. Er war in der Zwischenzeit, besonders durch die Geschenke des Pharaos, sehr reich geworden. So ging es ihnen gut.

Auch Lot war sehr reich geworden. Die Herden wurden groß und größer. Die Hirten aber von Abraham und Lot gerieten sich immer öfter in die Haare und stritten um die Weiden. Die Brunnen gaben für die großen Herden zu wenig Wasser. Es gab Streit um jeden Krug, den sie aus dem Brunnen zogen. Das Land konnte sie nicht mehr alle ernähren. Außerdem wohnten auch noch andere Völker in dem Land, die hier schon seit Menschengedenken zu Hause waren: die Kanaaniter und die Perisiter. „Weißt du was", begann Abraham das Gespräch mit Lot, „ich will keinen Zank und Streit zwischen mir und dir, zwischen meinen Hirten und deinen; denn wir sind doch Brüder. Jeder von uns soll seine Richtung finden. Welche wählst du? Willst du nach Osten, gehe ich nach Westen. Gehst du nach Westen, ziehe ich nach Osten."

Lot sah sich um und sah auf die grüne Gegend im Jordantal, beinahe so grün wie am Nil. Und es gab schöne Städte dort, mit Handel und Leben. Es war für Lot sofort ganz klar: Dort ziehe ich hin. Ich habe meine Richtung gewählt. Lot zog mit seinen Zelten und Herden bis nach Sodom, eine der schönsten Städte im Jordantal. So trennten sich die beiden.

Abraham aber zog ins Westland und wohnte in Kanaan, in der trockenen Ebene am Rande der Wüste. „Wo bin ich Gott näher", fragte er Sahrah, „im fruchtbaren Land, in schönen Städten oder hier am Rande der Wüste? Wo kann ich den unbekannten Gott besser kennen lernen, hier oder dort?" Abraham zog hin und her und erkundete das Land. Auf seinen langen beschwerlichen Wegen hörte er wieder Gottes Stimme:

„Siehst du den Staub?" „Ja", antwortete Abraham, „nichts als Staub – überall Staub." „So zahlreich sind deine Nachkommen, wie der Staub, den du nicht zählen kannst. Und all dieses Land will ich dir geben", sagte Gottes Stimme. „Aus Staub etwas Großartiges machen", dachte Abraham, „eigentlich unmöglich. Aber ich will es glauben."

Lot in Sodom

In der Mittagshitze saß Abraham unter einem Baum. In dieser flimmernden Hitze berührte Gott sein Herz. Als er aufsah, erblickte er drei Männer. „Das sind Boten Gottes", schoss es ihm durch den Kopf. Er lud sie ein, ließ Wasser holen, damit sie ihre Füße waschen konnten, und schlachtete ein Kalb. Sarah backte feines Brot. „Sarah wird in einem Jahr einen Sohn bekommen", sagte einer der Drei.

„Das ich nicht lache!", meinte Sarah zu sich, die das Gespräch durch die Zeltwände hörte, „ich in meinem Alter; und Abraham ist auch schon alt. Zu alt für die Liebe." „Warum lacht die Sarah?", fragte einer der Drei. „Ich habe nicht gelacht", verteidigte sich Sarah. „Doch!", sagte einer der Drei, „du hast. Aber in einem Jahr wirst du noch mehr lachen; denn dann wirst du einen Sohn geboren haben. Du wirst lachen vor lauter Glück."

Sie brachen auf, die Drei, und Abraham begleitete sie in Richtung Sodom. „Was habt ihr vor?", fragte Abraham, „in Sodom gibt es viele böse Leute, viel Gewalt und Lug und Trug. Zwar wohnt mein Neffe dort, aber freiwillig würde ich nie in die Stadt gehen. Um Sodom kann man nur einen großen Bogen machen. Die Starken leben auf Kosten der Armen. Und die Armen verkaufen sogar ihre Kinder, nur um zu überleben. Schlimm! Schlimm!" „Genau darum wollen wir in die Stadt gehen. Das Unrecht schreit zum Himmel und das Böse breitet sich aus wie die Pest. Diese Stadt richtet die Menschen zugrunde, und darum wird sie selbst zugrunde gehen", sagten die Drei wie aus einem Mund, wandten sich um und gingen los.

„Oh, Gott", sagte Abraham, „willst du denn alle umbringen, die Gerechten mit den Gottlosen? Es könnten doch vielleicht fünfzig Gerechte in der Stadt leben, oder fünf weniger, oder vielleicht nur vierzig, oder auch nur dreißig? Oh, Gott, erbarme dich der Gerechten." Gott aber fand nicht dreißig Gerechte. „Vielleicht nur zwanzig, oder auch nur zehn, oh Gott, rette die Stadt um dieser zehn Gerechten Willen", bat Abraham. Aber Gott fand auch sie nicht. Stumm kehrte Abraham wieder um. Die Engel aber gingen zu Lot, um ihn aus Sodom herauszuholen. Sie bereiteten alles für die Flucht vor. Die Sodomiter hatten die Drei gesehen und wollten ihnen ans Leben. Sie umstellten das Haus und schrien und tobten. Lot versuchte, mit der aufgebrachten Menge zu reden, ohne Erfolg. Er versprach ihnen sogar seine Töchter. Sie lachten ihn nur aus. Immer wieder zögerte Lot. Er wollte nicht weg. Es war lebensgefährlich, aber er konnte und er wollte nicht. Die Drei aber ergriffen ihn, seine Frau und seine beiden Töchter und führten sie vor die Stadt. Niemand von ihnen durfte sich umsehen, als Sodom und Gomorrah untergingen. Lots Frau sah sich um – und wurde zur Salzsäule. Es war furchtbar.

Abraham will Isaak opfern

Sarah bekam einen Sohn, so wie es versprochen war, obwohl Abrahm schon hundert Jahre alt war. Auch Sarah war nicht mehr die Jüngste. „Bei Gott ist alles möglich", dachten beide.

Sie waren glücklich und zufrieden. „Du musst alles aufs Spiel setzen, wenn du deinen Gott gnädig stimmen möchtest", sagten die Leute, die mit Abraham im Lande wohnten. „Wir opfern sogar unsere Kinder, wenn es sein muss; nur um unser Glück zu halten", redeten sie auf ihn ein.

„Mein Glück opfern, damit ich es erhalte?", fragte Abraham sich. Er war sich seines Gottes nicht sicher. Tiere, die opferte er schon, aber Kinder? Und dann seinen eigenen Sohn? Ob er das übers Herz brächte, ohne dass es ihm das Herz zerbricht? Er wusste es nicht. Am frühen Morgen nahm er nun seinen Sohn Isaak, nahm Holz auf einem Esel mit und zwei Knechte, die ihm helfen sollten. Sie stiegen den Berg hinauf und kurz vor dem Gipfel ließ er die Knechte zurück. „Wir wollen Gott opfern", sagte er seinem Sohn. 12 Jahre war er alt. Drei Tage waren sie nun unterwegs, wortkarg

Abraham, neugierig Isaak. Als sie den Gipfel erreichten, schrie der Junge los: „Wir haben alles: Holz und Kohle und ein Messer. Aber wo ist das Opfer?" Er ahnte, was sein Vater mit ihm vorhatte. Er kannte es von den anderen Menschen im Land. „Gott wird uns zu einem Brandopfer verhelfen", antwortete Abraham aus Not, aus Verzweifelung oder aus Glauben? Wir wissen es nicht.

Auf dem Gipfel bauten sie einen Altar, legten Holz darauf – und dann band Abraham seinen Sohn fest zusammen. So zusammengeschnürt legte er ihn auf den Altar. Er war bereit, für seinen Gott sein Glück zu opfern. Er nahm das Messer, reckte seine Hand hoch. „Nein!", rief es vom Himmel herab. „Lege deine Hand nicht an den Jungen. Tu ihm nichts. Ich weiß nun, dass du Gott fürchtest und dass du deinen einzigen Sohn nicht verschonst und alles aufs Spiel setzt für mich." Abraham sah sich um, suchte die Stimme.

Er sah nur einen Widder, der sich mit seinen Hörnern in einer Hecke verfangen hatte. Den opferte Abraham und nicht seinen Sohn Isaak. „Ich will dich segnen und alle deine Nachkommen", rief es vom Himmel herab, „und deine Nachkommen werden so viele sein wie Sterne am Himmel und wie der Sand am Meer. Und alle Völker der Erde sollen durch dich gesegnet werden; denn du hast meiner Stimme gehorcht." Abraham und Isaak kehrten wieder zurück zu ihrer Brunnen-Oase nach Bersheba. Auf dem Weg haben Vater und Sohn viel geredet über Gott und die Welt und über das, was auf dem Berg geschehen war.

Die beiden Brüder Esau und Jakob

Isaak wurde größer und älter. Er verliebte sich in Rebekka und heiratete sie. „Bekommen wir Kinder oder keine?“, fragte Isaak immer wieder seine Frau. Sie zuckte mit den Schultern. Isaak erinnerte sich an die Verheißungen, die Gott seinem Vater Abraham gegeben hatte: „Du wirst so zahlreich sein wie die Sterne am Himmel, wie der Sand am Meer, wie der Staub in der Wüste – Und alle Welt soll durch dich gesegnet sein.“ Mittlerweile war Isaak 60 Jahre alt und sie hätten schon gerne Kinder gehabt.

„Gott“, betete Isaak, „wir möchten gerne Kinder haben. Löse bitte deine Verheißung ein“, und Gott ließ sich bitten. Rebekka bekam zwei Söhne, Zwillinge: zuerst den Esau, eine Minute später den Jakob. Esau hatte leuchtend rote Haare, auch auf der Haut leuchteten sie rot. Er fühlte sich ziemlich rau an. Jakob dagegen hatte eine feine Haut, ganz glatt wie eine Nektarine. Sie waren auch sonst ziemlich unterschiedlich: Esau ging jagen, liebte Wald und Flur und ließ sich den Wind um die Nase wehen. Isaak liebte ihn ganz besonders. Jakob war nicht so ein Raubeiner. Er hatte gute Manieren und blieb in den Zelten bei seiner Mutter Rebekka. Sie hatte ihn ganz besonders ins Herz geschlossen. Er bebaute die Felder und kochte für sein Leben gerne. Sie unterhielten sich oft über die alten Geschichten vom Großvater Abraham.

Sie hatten Abraham nicht mehr kennen gelernt, aber seine Geschichten lebten weiter. „Was nützen mir alle Verheißungen, wenn ich doch nichts bekomme?“, dachte Jakob oft. „Eine Minute Unterschied zwischen Esau und mir bedeutet mir schon sehr viel. Ich gehe leer aus.“ Esau war das alles egal. „Ich muss doch eines Tages sterben“, meinte er, „was nützt mir da die Erstgeburt, was will ich denn mit dem Erbe anfangen? Ich kann doch nichts davon mit ins Grab nehmen.“

Damit war für ihn das Thema erledigt. Trotzdem, immer wenn Jakob seinen Bruder Esau sah, sah er rot. In Jakob gärte es weiter. Und so kam es wie es kommen musste: Esau kam todmüde von der Jagd. Nichts erbeutet, nichts gejagt, nichts getroffen. Es duftete unwahrscheinlich gut nach Suppe, der Spezialität aus Jakobs

Küche. Heute Linsensuppe, gut und kräftig. „Gib mir von der Suppe, bevor ich umfalle“, bat Esau.

„Gleich, gleich“, meinte Jakob der Feine, „wir müssen erst einmal grundsätzlich etwas klären.“ „Gib mir bitte Suppe, bevor ich vor Hunger sterbe“, bat Esau. „Gleich, gleich, aber lass uns erst noch einmal über unser Erbe reden. Du bist doch der Ältere?“ „Mir egal“, antwortete Esau schnell. „Verkauf mir heute deine Erstgeburt, dein Erbe“, handelte Jakob. „Was soll's? Mir ist es gleich, nur lass mich nicht verhungern“, sagte Esau. „Schwöre, bevor du isst!“ Jakob drängte seinen Bruder. Und Esau schwor und aß. Das Linsengericht wurde ihm zum Gericht.

„Dem ist alles egal“, dachte Jakob, „Gott und die Welt, alles egal, und die Verheißungen Gottes, auch egal. Man könnte schon wütend sein, wenn es nicht zu meinem Vorteil wäre. Da verzichtet mein Bruder ganz einfach, mir nichts, dir nichts, auf seinen Erbanspruch. Alles egal. Für einen Teller Linsensuppe.“ Jakob selber war sich ganz sicher. Er hätte das nicht gemacht. Er sah seinen Bruder Esau an, der saß vor seinem Teller und aß, ganz zufrieden, wie es schien. Esau aß und Jakob fädelte die nächste Geschichte ein.

Jakob lügt wie gedruckt

Isaak war alt geworden und blind. Seine Tage waren gezählt und er bereitete sich auf sein Ende vor. Darum rief er Esau, seinen älteren Sohn: „Ich will dich segnen, damit alle Verheißungen Gottes mit dir erfüllt werden. Aber vorher nimm deinen Köcher und Bogen, jage mir Wildbrett und bereite mir noch einmal eine gute Mahlzeit. Du weißt schon wie ich es gerne mag." Esau zog los und ging auf die Jagd.

Rebekka hatte alles mitangehört. Sie wusste von den Plänen ihres Lieblingssohnes. „Komm", sagte sie zu Jakob, „hol schnell zwei Lammböcke, die schmecken wie Wild und wir bereiten sie mit guter Sauce zu." Jakob beeilte sich, Rebekka beeilte sich. Und so hatten sie in kurzer Zeit die schönste Fleischplatte herbeigezaubert. „Geh zum Vater", sagte Rebekka und sah ihn an, „er soll essen und dich segnen." Jakob zog die Kleider von Esau an; denn sie rochen nach Esau. Und weil Esau rau war, Jakob aber eine feine Haut hatte, zog Rebekka ihm das Tierfell der geschlachteten Tiere über die Hände und legte den Rest um seinen Hals. „Und wenn er es merkt?"

Jakob bekam jetzt Zweifel und Angst. Jetzt ging es ums Ganze. „Und wenn er mich verflucht und mich nicht segnet?" „Dann soll der Fluch über mich kommen. Jetzt geh und gehorche!", beschwichtigte Rebbeka ihren Lieblingssohn und schob ihn zu Isaak ins Zelt hinein.

Jakob begrüßte seinen Vater. „Hier bringe ich dir dein gewünschtes Essen!" „Das ging aber sehr schnell", meinte der alte Isaak. „Wie hast du das nur geschafft?" „Gott hat mir geholfen", log Jakob. Isaak aber wurde misstrauisch. „Komm, setz dich zu mir, damit ich mich davon überzeuge, dass du wirklich mein Sohn Esau bist. Deine Stimme klingt so fremd." Jakob setzte sich zu ihm und Isaak befühlte ihn. „Genau so rau wie Esau", dachte er, „die Stimme gehört Jakob, aber die Haut gehört Esau", sagte er. Und er segnete ihn. Wieder bekam Isaak Zweifel.

„Bist du wirklich Esau?“, fragte der blinde Vater. „Ja, ich bin es“, log Jakob wieder. „Dann gib mir jetzt zu essen“, bat der Vater den Sohn. Jakob brachte ihm das Essen und reichte ihm einen guten Wein. „Komm, lass dich küssen“, bat Isaak seinen Sohn. Der neigte sich zu ihm herab, damit er den Kuss empfing.

Isaak roch die Kleider von Esau und nun war er sich ganz sicher, dass er es war. „Meine Seele segnet dich. Der Gott Abrahams segne dich mit all seinen Verheißungen: Der Tau des Himmels komme über deine Felder und Wälder; aus der Erde soll viel Korn wachsen und die Reben sollen dir viel und guten Wein geben. Böse Menschen sollen verflucht und gute Menschen dir ein Segen sein. Sei gut behütet und beschützt! Amen, das heißt: Das soll gelten bis in Ewigkeit.“ Und Jakob verabschiedete sich schnell von seinem Vater und suchte das Weite. „Gott ist auf meiner Seite“, dachte er noch und verschwand.

Todmüde kam Esau nach Hause. Er bereitete die Jagdplatte und ging zu seinem Vater, damit er ihn segnete. „Wer bist denn du?“, fragte Isaak überrascht. „Ich bin dein Sohn Esau!“, antwortete er – und das war die reine Wahrheit. „Komm, iss und trink und dann segne mich“, bat Esau. Isaak hatte keinen Hunger mehr, und segnen konnte er ihn auch nicht. Die Verheißung konnte nur auf einen übertragen werden. „Dein Bruder ist gekommen und hat sich den Segen erschlichen!“ „Er hat dich belogen und betrogen“, klagte Esau, „erst hat er mir das Erbe genommen und nun auch noch deinen Segen.“ Esau weinte bitterlich.

„Segne mich“, bat er noch einmal seinen Vater. Isaak gab ihm mit auf den Weg: „Du musst hart arbeiten, damit du leben kannst; du musst hart kämpfen, damit du ein freier Mensch bleibst. Der Gott Abrahams sei mit dir.“ Esau stand auf und ging aus dem Zelt, um seinen Bruder zu suchen, mit Tränen in den Augen und mit großer Wut im Bauch. Doch Jakob hatte sich schon lange aus dem Staub gemacht.

Die Jakobsleiter

Jakob flüchtete vor Esau so schnell die Füße ihn tragen konnten. Er ahnte: „Esau will mich umbringen." Er wusste: „Mit lügen und betrügen habe ich mir den Segen Isaaks erschwindelt." Er wusste nicht, ob Gott noch wirklich mit ihm war. Das einzige, was er dachte: „Ich muss so weit wie möglich kommen." Und so rannte und stolperte er durch die Wüste, bis er nicht mehr konnte. Die Sonne ging unter und er hatte nichts anderes als einen Stein, auf den er seinen Kopf legen konnte. „So hart ist das Leben", dachte er und schlief noch bei diesem Gedanken ein.

Er träumte: Eine Leiter stand auf der Erde, die reichte bis in den Himmel. Die Engel stiegen herauf und herab und oben stand Gott, der Herr. Im Traum erreichte ihn eine Stimme: „Ich bin der Gott Abrahams und deines Vaters Isaak. Das Land, auf dem du schläfst, will ich dir geben. Es gehört dir. Und deine Nachkommen sollen so zahlreich sein, wie der Staub, durch den du heute gegangen bist. Und du wirst dich vermehren nach Westen und nach Osten, nach Norden und nach Süden. Durch dich sollen alle gesegnet werden. Ich will dich behüten auf allen deinen Wegen und dich beschützen Tag und Nacht."

Als Jakob aufwachte, war ihm klar: „Gott kommt mit seinen Engeln zu mir herunter. Ich muss gar keine Klimmzüge machen, um ihm nahe zu sein. Gott sei Dank, dass es einen solchen Gott gibt! Hier ist die Tür zum Himmel und sie steht mir offen." Ihm war ein Licht aufgegangen, dass ihn sein ganzes Leben nicht mehr verließ.

Als die Sonne die Nacht verdrängt hatte, nahm er den Stein und richtete ihn auf. Die Spitze zeigte direkt in den Himmel. „Aus harten Steinen werden Himmelszeichen", sagte er zu sich. „Ein eigenartiger Gott, der die Dinge so umkehrt – sogar mich." Er hatte seine ersten Erfahrungen mit dem Gott Abrahams gemacht. „Wird Gott wirklich mit mir sein und nicht gegen mich, wird er mich behüten und mich nicht fallen lassen, wird er mich versorgen mit Brot und Kleidung; denn ich habe so gut wie nichts? Wird Gott mich in Frieden wieder heimbringen, ohne dass ich umgebracht werde, so soll der Gott Abrahams auch mein Gott sein. Und alles was ich im Leben erarbeite, davon soll er den zehnten Teil bekommen." Das gelobte Jakob. Und wenn ich wiederkomme aus der Fremde, dann will ich hier ein Gotteshaus bauen. Er brach auf, überquerte den Fluss Jabbok und suchte den Bruder seiner Mutter Rebekka. Irgendwo musste Laban wohnen. Dort wollte er um Unterschlupf bitten. „Vielleicht finde ich ein schönes Mädchen, das ich zur Frau nehmen kann?", dachte er still bei sich.

Josefgeschichten

Josefs Angeberei

Jakob ist nach über zwanzig Jahren von Laban fortgezogen, mit seinen zwölf Söhnen, mit deren Müttern, mit all seinem Vieh. Sie waren immer unterwegs zu neuen Weideplätzen. Josef war einer seiner zwölf Söhne, mit seinen siebzehn Jahren hütete er die Tiere, so wie seine Brüder. Aber wenn draußen bei den Herden irgendetwas schlechtes über seinen Vater erzählt wurde, ging er sofort zu ihm und berichtete umgehend das, was er gehört hatte. Josef war der Sohn, den Jakob am liebsten hatte. Eines Tages schenkte er seinem Sohn Josef ein wunderschönes Gewand. Als die Brüder das sahen, waren sie sehr betroffen, aber auch eingeschnappt. „Jetzt kann es jeder sehen, sogar der, der fast blind ist, mit diesem Gewand ist jedem klar: Josef ist Jakobs Lieblingssohn."

Von diesem Tag an vermieden die Brüder jeden Kontakt mit Josef. Sie gingen ihm aus dem Weg, wo immer es nur möglich war. Josef aber konnte und wollte das Verhalten seiner Brüder nicht so richtig verstehen, er hatte doch nichts Schlechtes getan. An einem Morgen wachte er auf und erinnerte sich an seinen Traum. Er ging zu seinen Brüdern und erzählte ihnen: „Heute Nacht hatte ich einen Traum. Wir waren auf dem Feld und haben Garben gebunden. Meine Garbe stand in der Mitte und richtete sich auf zum Himmel, eure aber standen um meine herum im Kreis und verneigten sich vor meiner Garbe zu Boden." „Jetzt bist du völlig übergeschnappt", antworten die Brüder wie aus einem Mund, „willst du unser König sein, willst du über uns herrschen? Im Traum wird das nicht sein!" Von diesem Augenblick an war Josef der erklärte Feind seiner Brüder, das schlug dem Fass nun wirklich den Boden aus.

In der nächsten Nacht hatte Josef einen zweiten Traum. Am nächsten Morgen ging er sofort zu seinen Brüdern: „Ich muss euch meinen Traum erzählen aus dieser Nacht. Oben am Himmelszelt waren die Sonne und der Mond und elf Sterne und alle verneigten sich vor mir, die ganze Nacht." Jakob war unbemerkt dazugekommen und hatte alles mit angehört. „Josef", sprach er ihn direkt an, „sollen deine Mutter, ich und deine Brüder jetzt vor dir auf die Knie fallen und dich anbeten?“

Jakob ließ ihn einfach stehen. Seine Brüder fanden ihn immer unmöglicher, ja sie hielten ihn für einen Spinner, für einen Angeber. Sein Vater aber konnte diese Worte von Josef nicht vergessen und behielt sie in seinem Herzen.

Josef im Hinterhalt

Eines Tages rief Jakob Josef zu sich: „Geh zu deinen Brüdern zu den Weideplätzen und sieh nach, wie es um die Herden steht. Ich habe lange nichts gehört und ich will wissen, ob alles beim Rechten ist.“

Josef machte sich auf den Weg. Bei den vielen Weiden wusste er nicht genau, wo er anfangen, wo er suchen sollte. Er nahm eine Richtung, einfach so. Unterwegs traf er einen Mann auf einem Feld, für den sah Josef aus wie einer, der etwas suchen würde. Er sprach ihn an: „Was suchst du, kann ich dir helfen?“ „Ich suche meine Brüder mit den Herden“, antwortete Josef. „Deine Brüder, die waren hier, aber gestern sind sie weitergezogen in diese Richtung“, erklärte der Fremde auf dem Feld und deutete mit seinem rechten Arm die Richtung an. Josef zog weiter hinter seinen Brüdern her. Seine Brüder sahen ihn schon von weitem kommen:

„Seht, da kommt der Angeber, der Träumer. Töten sollten wir ihn und unserem Vater erzählen, er sei von wilden Tieren zerfleischt worden, dann hätten wir unsere Ruhe.“ Sie diskutierten den Plan untereinander. Aber es fand sich keine Mehrheit. Einer der Brüder sagte: „Das können wir nicht machen, er ist unser Bruder, unseres Vaters Fleisch und Blut, auch wenn er ein Spinner ist und so ganz anders als wir.“ Aber irgendetwas musste geschehen, einen Denkzettel wollten sie ihm schon verpassen, denn diese günstige

Gelegenheit, weit und breit kein anderer Mensch zu sehen, wer wusste, wann so eine Möglichkeit wiederkam.

Als Josef zu ihnen kam, sprachen sie kein Wort mit ihm. Sie zogen ihm sein buntes Gewand aus und warfen ihn in einen trocken gefallenen Brunnen, wenige Meter entfernt. Am Horizont tauchte eine Karawane auf. „Lasst uns den Josef als Sklaven an die Händler verkaufen, dann haben wir kein Blut an unseren Händen und wir sind ihn ein für alle Mal los", sprach einer von den Brüdern. Keiner von den anderen widersprach. So wurde es gemacht. Als die Kamele der Karawane an ihnen vorbeizogen, stoppten sie eins und verhandelten mit den Kaufleuten. Für zwanzig Silberstücke verkauften sie ihren Bruder Josef. Die Karawane zog weiter. Sie war auf dem Weg nach Ägypten.

Die Brüder aber schlachteten ein Tier, nahmen das Gewand ihres Bruders und tränkten es mit Blut. Dieses brachten sie zu ihrem Vater. „Sieh, was wir auf dem Weg gefunden haben", und sie reichten das Gewand ihrem Vater. Der aber erkannte sofort das Gewand, das er für seinen Lieblingssohn gemacht und ihm geschenkt hatte. „Ein böses Tier hat ihn angefallen und zerfleischt, meinen lieben Sohn", er zerriss seine eigenen Kleider und zog das Trauergewand an. Alle Söhne und Töchter kamen zu ihm. Sie wollten ihn trösten. Aber er wollte sich nicht trösten lassen und trauerte eine sehr lange Zeit.

Josef in Ägypten

Die Karawane kam mit Josef nach Ägypten. Er wurde gut behandelt. Er bekam zu essen und zu trinken. Aber es ergab sich keine Gelegenheit zur Flucht. In Ägypten angekommen wurde Josef auf einem Markt verkauft. Potiphar, der Kämmerer und der Oberste der Leibwache des Pharaos, kaufte ihn als Sklaven. Er nahm ihn mit in sein Haus. Schon bald merkte er, dass er mit Josef einen guten Fang gemacht hatte. Alles, was er anpackte, gelang. Alles, was er begann, führte zu einem guten Ende. Josef merkte auch, das Gott mit ihm war. Er war getrost und zuversichtlich und vertraute seinem Gott. Eines Tages kam Potiphar zu Josef und sprach: „Du bist nicht nur geschickt und begabt, du bist klug und weise, umsichtig und schlau, obwohl du noch so jung bist. Ich werde dich als meinen Verwalter einsetzen. Ich lege meinen ganzen Besitz, mein Haus und Hof und alles, was ich habe, in deine Hände."

Josef war froh: „Endlich kein Sklave mehr!" „Gott meint es gut mit mir", dachte er bei sich und übernahm das Amt des Verwalters mit Begeisterung und mit Verantwortung. Potiphar konnte sich voll und ganz auf Josef verlassen. Das wusste er auch. Josef war aber nicht nur klug und begabt. Er war auch schön und sah sehr gut aus. Es dauerte nicht lange und die Frau von Potiphar verliebte sich in Josef. Keine Möglichkeit ließ sie aus, um in seiner Nähe zu sein. Waren die beiden alleine, versuchte sie immer wieder, ihn zu verführen. Aber Josef wollte nicht. „Ich kann dich nicht lieben hinter dem Rücken deines Mannes und im Angesicht meines Gottes. Dein Mann vertraut mir und ich werde ihm die Treue halten."

„Auf mich kann er sich verlassen", sagte Josef sehr energisch. Aber die Frau des Potiphar ließ nicht locker. Sie war es gewohnt, dass sie bekam, was sie haben wollte. Josef versuchte alles zu vermeiden, was dazu führte, dass er mit der Frau alleine in einem Raum sein würde. Aber sie ließ nichts unversucht. Eines Tages musste Josef zu ihr, er sollte einen Auftrag von ihr entgegennehmen. Sie sorgte dafür, dass kein Knecht und keine Magd in der Nähe waren. Sie klammerte sich in seinen Kleidern fest und wollte ihn nicht gehen lassen. Josef riss sich los und rannte davon. Sein Gewand zerriss und ein großes Stück von seinem Umhang hielt sie in ihrer Hand. Sie ließ ihren Mann rufen. Ihm erzählte sie eine Geschichte: „Dieser Josef, dein Supermann, hat versucht, sich mir zu nähern, er hat mich bedrängt und umarmt. Ich habe ihn zurückgestoßen und um Hilfe gerufen." Potiphar glaubte seiner Frau jedes Wort. Er hatte eine unendliche Wut auf Josef, dem er vertraut hatte wie einem Bruder. Umgehend ließ er ihn ins Gefängnis werfen. Josef wurde nicht einmal angehört. Er durfte sich nicht verteidigen.

Josef im Gefängnis

Es dauerte nicht lange und Josef war kein einfacher Gefangener mehr. Dem Oberaufseher war Josef aufgefallen. Ruhig und klug, gelassen und hilfsbereit. Er betraute ihn mit der Aufsicht über die anderen Gefangenen. „Gott meint es gut mit mir, er hat mich auch im Gefängnis nicht verlassen. Es wird ein gutes Ende nehmen", sprach er zu sich selbst und lebte zuversichtlich in den Tag.

Eines Tages kamen zwei neue Gefangene, der Mundschenk und der Bäcker des Pharaos. Sie waren beim Pharao in Ungnade gefallen. Keiner wusste genau, was er angestellt hatte. Sie sprachen auch nicht darüber. Am nächsten Morgen brachte Josef den beiden frisches Wasser und frisches Brot. „Du", sagten beide auf einmal, „wir haben beide heute Nacht geträumt. Jeder einen anderen Traum. Aber keiner von uns kann seinen Traum verstehen. Kannst du uns die Träume deuten?" „Träume geschehen zwischen Gott und den Menschen. Ich weiß es nicht. Ich kann es versuchen", antwortete Josef. Der Mundschenk begann: „Bei mir war es so. Ich sah einen Weinstock vor mir, der hatte drei Reben. Die wurden grün, wuchsen und blühten und die Trauben wurden reif. Ich nahm einen Becher, drückte den Saft aus den Trauben und reichte dem Pharao den vollen Becher." Das war für Josef sofort klar: „Die drei Reben sind drei Tage. Du wirst nach drei Tagen wieder frei sein und der Pharao wird dich wieder in dein Amt einsetzen. Wenn es so wird, dann denk an mich und lege beim Pharao ein gutes Wort für mich ein, damit auch ich aus dem Gefängnis freikomme." Der Bäcker begann von seinen Traum auch sehr hoffnungsvoll, wenn Träume so ein gutes Ende nehmen: „Bei mir war es so. Ich habe geträumt, ich hatte drei Körbe mit feinen Backwaren auf meinem Kopf. Im obersten Korb lag das edle Gebäck für den Pharao. Doch dann kam ein ganzer Schwarm Vögel und fraß alles auf. Nicht ein Krümel blieb übrig." Erwartungsvoll sah der Bäcker Josef in die Augen.

„Bei dir sind die drei Körbe auch die drei Tage. Aber bei dir wird es kein gutes Ende nehmen. Der Pharao wird dich nach drei Tagen verurteilen. Er lässt dich an den Galgen hängen und die Vögel werden auf dich fliegen", sagte Josef mit leiser Stimme. Nach drei Tagen geschah alles genau wie Josef es aus den Träumen gedeutet hatte. Der Bäcker kam an den Galgen und der Mundschenk bekam die Freiheit und sein altes Amt zurück. Als der Mundschenk die Luft der Freiheit atmete, war Josef nach dem ersten Atemzug vergessen. Nicht einen Augenblick lang dachte er an den, der ihm den Traum gedeutet hatte.

So ist das im Leben.

Der Pharao träumt

Josef saß zwei Jahre im Gefängnis. Er vertraute Gott und haderte nicht mit seinem Schicksal. Eines Morgens wachte der Pharao auf. Er hatte geträumt. Aus dem Nil sah er sieben fette und schöne Kühe steigen, die gingen auf eine grüne Weide. Danach kamen sieben hässliche und magere Kühe aus dem Wasser. Sie fanden kein Gras und fraßen die sieben fetten Kühe auf. Schweißgebadet war er in der Nacht wach gewesen, schlief dann aber wieder ein. Er sah ein Kornfeld mit sieben Ähren, die aus einem Halm wuchsen, dick und prall. Kurz darauf sah er sieben Ähren, die keine Frucht trugen, dünn und schlapp waren sie, aber sie fraßen die sieben dicken Ähren auf. Was sollte er von diesen Träumen halten? Er rief seine Berater und Wahrsager zusammen, noch vor dem Frühstück. Aber alle waren ratlos.

Dem Mundschenk fielen seine Sünden ein. Der Mann im Gefängnis, den er vergessen hatte. Er eilte zum Pharao und erzählte ihm die Geschichte: „Damals, vor zwei Jahren, als du mich mit dem Bäcker ins Gefängnis geworfen hast, da hatten wir beide einen Traum in einer Nacht. Keiner von uns konnte seinen Traum verstehen. Aber da war ein Gefangener, ein junger hebräischer Mann, der hat uns die Träume gedeutet und es ist genau so eingetroffen."

Der Pharao schickte sofort seine Leute los und ließ den Josef aus dem Gefängnis holen. Der Pharao erzählte seine Träume ohne lange Vorrede. Josef sagte zu ihm: „Es ist nicht mein Ding, die Träume zu deuten, ohne Gottes Hilfe wird es mir nicht gelingen." Davon wollte der Pharao nichts wissen. „Sag mir, was diese Träume bedeuten", drängelte er Josef. „Beide Träume sind ein Traum. Hier verkündet Gott, was in diesem Land geschehen wird. Die sieben fetten Kühe und die sieben dicken Ähren sind sieben gute Jahre und die sieben mageren Kühe und die sieben dünnen Ähren sind sieben schlechte Jahre des Hungers und der Not. Es liegt an euch, euch auf die schlechten Jahre vorzubereiten. Baut Scheunen und Lagerhallen, legt in den fetten Jahren die Vorräte für die schlechten Jahre an. Verwaltet den Reichtum umsichtig und sorgsam." Die Klarheit gefiel dem Pharao. Was konnte er Besseres tun, als diesen Mann zu seinem Minister zu machen. „Ich mache dich zu meinem Staatsminister. Du wirst der zweite Mann im Land sein, nur ich werde über dir sein. Du bist mit allen Vollmachten ausgestattet. Besorgt ihm neue Kleider, gebt ihm alles, was er braucht. Lasst uns keine Zeit verlieren." Josef ging hinaus und dankte Gott von ganzem Herzen. Er kniete sich in seine Arbeit, wurde ein reicher und einflussreicher Mann. Das ganze Land legte in den sieben fetten Jahren genug Vorräte an. Es ging ihm gut wie lange schon nicht mehr.

Josef und seine Brüder

Nach den sieben fetten Jahren kam die große Dürre und es kam die Hungersnot. Die Vorräte wurden nach einem genauen Plan verteilt. Es musste reichen für die nächsten sieben Jahre. Josef hatte alles im Griff. In den Nachbarländern war die Not viel größer. Niemand hatte Vorräte angelegt in den sieben guten Jahren. Auch in seiner Heimat ging es schlecht. Jakob sah nur noch eine Möglichkeit, er schickte seine Söhne nach Ägypten, sie sollten dort Getreide einkaufen. In Ägypten war alles geregelt. Getreide an Fremde durfte nur mit Josefs Genehmigung verkauft werden. So kamen seine Brüder zu ihm. Er erkannte sie sofort.

Sie erkannten ihn aber nicht. Er wollte sie einer Prüfung unterziehen. „Ihr wollt unser Land nur auskundschaften", sprach er zu ihnen. „Nein", antworteten sie, „wir sind elf Brüder. Nur der Jüngste ist bei unserem alten Vater geblieben. Unsere ganze Familie leidet unter der Hungersnot." „Ich will sehen, ob ihr die Wahrheit sagt. Einer von euch wird hier bleiben. Die anderen werden den jüngsten Bruder holen, dann sehe ich, ob eure Geschichte wahr ist. Nehmt Getreide für eure Familien mit.

Wenn ihr nicht mit dem Jüngsten wiederkommt, dann wird der eine verurteilt." Die Brüder sprachen untereinander. Sie machten sich gegenseitig Vorwürfe wegen der Sache mit ihrem Bruder Josef damals. Darum ginge es ihnen allen jetzt schlecht. Das sei die Strafe Gottes. Sie wussten nicht, dass Josef ihre Worte verstand. Er sprach mit ihnen mit einem Dolmetscher. Sie beluden ihre Esel und zogen zurück.

Zuhause erzählten sie ihrem Vater die ganze Geschichte. Von dem harten Mann in Ägypten, der sie für Kundschafter hielt. Sie öffneten die Getreidesäcke und fanden oben auf ihre Geldbeutel liegen mit denen sie in Ägypten das Getreide bezahlt hatten. „Ihr raubt mir meine Söhne", sprach Jakob, „Josef ist nicht mehr unter uns, Simeon ist als Geisel in Ägypten und jetzt nehmt ihr mir auch noch Benjamin". Aber die Hungersnot war groß und Jakob wusste, dass sie noch viel mehr Getreide zum Leben brauchten. Er ließ seine Söhne mit Benjamin nach Ägypten ziehen.

Josef gab ihnen das Getreide, das sie haben wollten, und ließ den Bruder frei. Aber in einem Getreidesack auf Benjamins Esel versteckte er einen goldenen Becher. Er hielt sie kurz vor der Abreise auf. Ließ den Sack öffnen, fand den Becher und Benjamin wurde sofort verhaftet. „Lass ihn bitte frei", sagte Ruben, „wenn mein Vater seinen jüngsten Sohn nicht wieder sieht, wird er sterben." Ruben erzählte noch mehr von seinem Vater. Josef konnte nicht mehr. Er wollte sich nicht länger verstellen. Er gab sich seinen Brüdern zu erkennen. Die fielen vor ihm auf die Knie, entschuldigten sich und baten um Vergebung. Er aber schickte sie mit Wagen und Boten zurück. Sie sollten den Vater und die ganze Familie nach Ägypten holen.

Wie aus Freunden Sklaven werden

Jakob wollte es nicht glauben. Josef lebte. Sein Herz hüpfte vor Freude. Aber genau so groß war seine Wut über seine Söhne. „Wenn euer Bruder euch verziehen hat, so will ich euch auch verzeihen", sprach er mit zittriger Stimme. Sie packten alles zusammen und eine große Karawane zog Richtung Ägypten. Unterwegs sprach Gott zu ihm: „Jakob, ich bin der Gott deiner Väter. Fürchte dich nicht. Zieh mit den Deinen nach Ägypten. Ihr werdet ein großes Volk sein. Ich gehe mit dir."

Es war nicht mehr weit bis Ägypten. Jakob schickte einen seiner Söhne voraus. Josef aber kam ihnen mit einem Wagen entgegen. Er nahm seinen Vater in die Arme, die Tränen der Freude konnten beide nicht mehr zurückhalten. „Mein Sohn, ich habe dich wieder. Nun kann ich in Frieden sterben", flüstere Jakob seinem Sohn Josef ins Ohr. Aber Josef wollte das nicht hören. Er nahm alle mit nach Ägypten. Alle bekamen ein Stück Land. Josef hatte es mit dem Pharao so besprochen.

Es ging ihnen sehr gut. Den schlechten Jahren folgten gute Jahre. Ihre Herden wurden immer größer und viele Kinder wurden geboren. Nach vielen Jahren rief Jakob seine Söhne zu sich: „Ich mahne euch zur Einheit. Seit achtsam miteinander. Ich segne euch und ihr sollt ein Segen sein." Sie alle wussten, dass ihr Vater sich von ihnen verabschiedet hatte. Jakob starb und sie haben ihn so beerdigt, wie er es ihnen gesagt hatte.

Ohne ihren Vater fühlten sich die Brüder alleine gelassen und sie fürchteten sich. Eigentlich fürchteten sie sich vor ihrem schlechten Gewissen. Die Sache damals mit Josef verfolgte sie immer wieder. Sie wurden sie nicht los. Sie gingen zu Josef und wollten seine Knechte werden. Er aber sprach zu ihnen. „Ihr seid meine Brüder, ihr wolltet mir damals Böses tun, ihr habt mir nach dem Leben getrachtet. Gott aber hatte Gutes mit mir vor. Ich habe euch verziehen. Ob Gott euch verzeihen kann, das kann ich euch nicht versprechen. Aber eins ist ganz sicher, Gott wird immer bei seinem Volk sein und bleiben. Egal was auch passiert. Diese Sicherheit sagt euren Kindern weiter, denn diese Zusage gilt über unsere Zeit hinaus." Sie lebten viele Jahre in Ägypten. Das Volk Israel wurde größer und reicher, es ging ihnen so gut wie noch nie. Nach vielen Jahren starb Josef. Auch der Pharao starb. Der neue Pharao übernahm die Macht.

Dieses Volk Israel war ihm ein Dorn im Auge. „Die müssen nicht immer reicher werden auf unserem Land. Sie dürfen nicht noch mehr und noch stärker werden. Bevor sie sich als Herrscher aufschwingen und wir ihre Sklaven werden, lassen wir sie lieber für uns arbeiten", sagte er zu seinen Beratern. Die Geschichte von Josef und seinem Vorgänger kannte er nicht. Es gab neue Gesetze. Die Zeiten änderten sich. Aus Freunden wurden Sklaven.

Mosegeschichten

Mose liegt in den Binsen

Es war eine harte Zeit in Ägypten. Das Volk Israel wurde schlecht behandelt. Sie mussten hart arbeiten. Aber sie wurden immer mehr. Der neue Pharao bekam es mit der Angst zu tun. Er fühlte sich bedroht durch dieses Volk. Also gab er den Befehl aus, das alle Söhne, die diesem Volk geboren wurden, sofort zu töten seien.

Das hatte nicht viel geholfen, die kleinen Söhne wurden versteckt und die Mütter lebten in Angst, Tag und Nacht. Und viele der versteckten Jungen wurden am Ende doch gefunden und getötet. Das Risiko war groß und die Möglichkeit zu überleben sehr gering.

Die Tochter des Pharaos ging eines Tages mit ihren Zofen und Mägden zum Ufer des Nils. Sie wollte baden. Da entdeckte sie am Ufer im Schilfrohr einen Binsenkorb, der sich dort verfangen hatte. So einen Korb hatte sie noch nie auf dem Wasser gesehen. Sie schickte eine Magd los und ließ es holen. Die Magd fischte den Korb aus dem Wasser und hörte ein leises Wimmern.

Sie kam mit dem Korb zurück. Die Tochter des Pharaos öffnete den Korb und sah einen kleinen Jungen, ihr war sofort klar, dass es ein hebräischer Junge war, aber sie hatte ihn vom ersten Augenblick fest in ihr Herz geschlossen. Den würde sie um keinen Preis der Welt wieder hergeben. Das würde sie ihrem Vater, dem Pharao, schon beibringen. Er konnte ihr sowieso keinen Wunsch abschlagen. Die Schwester des kleinen Jungen hatte unbemerkt von ihrer Mutter und dem Rest der Welt den Korb nicht aus den Augen gelassen. Sie kam aus dem Schilf heraus und fragte die Tochter des Pharaos: „Soll ich eine hebräische Frau finden, die stillt, damit sie auch dieses Kind stillen kann?"

„Geh und beeil dich, der Junge schreit vor Hunger", antwortete die Tochter des Pharaos. Sie rannte los und holte die Mutter des Kindes, kam mit ihr zurück an das Ufer des Nils. Die Tochter des Pharaos war noch dort mit dem Binsenkorb und mit dem Kind. „Nimm dieses Kind und still es mir, du musst es nicht umsonst machen, ich werde dich entlohnen. Und halte mich immer auf dem Laufenden. Ich will wissen, wie es dem Kind geht." Dann trennten sich ihre Wege, die Tochter des Pharaos ging zurück in ihr prunkvolles Leben, sie freute sich jetzt schon auf den Tag, an dem das gefundene Kind für immer bei ihr sein würde.

Die Frau nahm das Kind mit und stillte es. Als das Kind so groß war, das es nicht mehr gestillt werden musste, nahm sie den Jungen und brachte ihn der Tochter des Pharaos. Die nahm ihn auf wie ihren eigenen Sohn. Es sollte ihm an nichts fehlen. Dafür würde sie schon sorgen. Sie nannte ihn Mose, das heißt: der aus dem Wasser gezogen wurde.

Der Hitzkopf

Es fehlte dem kleinen Kind an gar nichts. Mose wuchs auf wie ein Ägypter am Hof des Pharaos. Er wurde größer und er hatte verstanden, dass er kein echter Ägypter war, nein eigentlich war er auch ein Hebräer, ein Sklavenkind. Ihm war nur das glückliche Los zugefallen, dass er im Palast leben konnte und nicht für den Pharao schuften musste wie die Brüder seines Volkes.

Je größer Mose wurde, um so öfter sah er sich auch außerhalb des Palastes um. Seine Adoptivmutter, die Tochter des Pharaos, sah es nicht so gerne. Aber Mose wollte sehen, was in der Welt außerhalb des Palastes los war. Manchmal schlich er sich auch zu den Baustellen. Er sah, wie die Aufseher die Hebräer wie Sklaven behandelten. Mit der Peitsche standen sie hinter ihnen und trieben sie zu immer größeren Höchstleistungen an. Essen und Trinken bekamen sie kaum, dafür mussten sie aber um so mehr arbeiten.

Eines Tages sah Mose, wie einer der Aufseher einen seiner hebräischen Brüder mit dem Stock der Peitsche schlug, erst auf den

Rücken und dann ins Gesicht. Was zu viel war, war zu viel. Mose schaute sich nach allen Seiten um, niemand zu sehen weit und breit. Mose ging auf die beiden zu und mischte sich ein. Der Aufseher ging auch auf Mose zu, wollte auch ihn schlagen. Da platzte Mose der Kragen, er nahm den Aufseher und schubste ihn von seinem Landsmann weg, der Aufseher stolperte, fiel mit dem Kopf auf einen Stein und war sofort tot.

Das hatte Mose nicht gewollt. Aber der tote Aufseher durfte nicht entdeckt werden, das würde ihm und allen, die hier auf der Baustelle arbeiteten, großen Ärger bringen. Er verscharrte ihn im Sand.

Am nächsten Tag ging Mose wieder hinaus an die Stelle, wo das Unglück geschah. Er sah und hörte wie zwei hebräische Männer im Streit lagen. Er ging auf den zu, der im Unrecht war und sprach: „Warum streitet ihr und warum schlägst du deinen Bruder?" Der aber antwortete: „Wer hat dich als Aufseher oder Richter eingesetzt? Oder willst du auch mich erschlagen, wie den Ägypter gestern?" Da packte Mose die Angst.

Er konnte sich nicht erklären, wie der Vorfall bekannt geworden war und er machte sich schleunigst aus dem Staub. Die ganze Angelegenheit kam vor den Pharao und der beschloss, Mose für diese Tat zu bestrafen, zu töten. Mose aber floh in das Land Midian. Er lebte dort unter den Hirten und lernte die Gesetze der Wüste kennen.

Der brennende Dornbusch

Er war mit einer Herde unterwegs. Mose machte eine Pause an einem Brunnen. Erst war er alleine dort, aber es kamen immer mehr. Die sieben Töchter des Priesters von Midian kamen mit ihrer Herde, sie schöpften Wasser und tränkten die Tiere. Es kamen Hirten dazu, die drängten die Frauen weg. „Die Stärkeren zuerst", war ihr Motto. Die Frauen kannten das schon, das war immer so am Brunnen. Mose stand auf und half den Frauen. Die anderen Hirten ließen jetzt auch die Frauen das Wasser schöpfen. An diesem Tag waren die Frauen früher fertig als sonst und sie waren früher bei ihrem Vater.

„Ihr seid früh heute", sagte dieser zur Begrüßung. Wie aus einem Mund antworteten sie: „Ein ägyptischer Mann stand uns bei und hat uns geholfen, die anderen Hirten waren nicht so frech wie sonst." „Warum habt ihr ihn nicht mitgebracht, ladet ihn doch ein, mit uns zu essen." Sie holten Mose und er willigte ein, er blieb an diesem Abend und über diesen Abend hinaus. Eine von den sieben Töchtern wurde seine Frau, sie bekamen einen Sohn.

Lange Zeit danach starb der Pharao in Ägypten. Aber der neue Pharao war nicht besser, im Gegenteil, denn dem Volk Israel ging es immer schlechter in der Sklaverei in Ägypten. Sie schrien zum Himmel und Gott erhörte ihre Gebete.

Mose war mit den Schafen seines Schwiegervaters unterwegs. Wie so oft musste er an sein Volk denken, im fernen Ägypten, in der Sklaverei. Mose trieb die Schafe in die Steppe hinaus und kam an den Berg Gottes, den Horeb. Und der Engel Gottes erschien ihm in einer feurigen Flamme in einem Dornbusch. Mose sah das Besondere schon von weitem. „Der Dornbusch brennt und doch verbrennt er nicht", das sehe ich mir an. Gott sprach zu ihm: „Mose, Mose!" Er antwortete: „Herr, ich bin hier." „Zieh deine Schuhe aus, du bist auf heiligem Boden", sagte Gott zu ihm, „ich bin der Gott deines Vaters, der Gott Abrahams. Ich habe das Elend meines Volkes in Ägypten gesehen und ihre Schreie gehört. Ich werde es retten und hinausführen aus Ägypten in ein gutes, weites Land, das ich dir zeigen werde. In ein Land, wo Milch und Honig fließen. Mose, du wirst zum Pharao gehen und ihm sagen, dass du mein Volk aus Ägypten führen wirst." „Herr, wer bin ich, dass der Pharao und das Volk Israel mir glauben werden?", fragte Mose ganz verzweifelt. „Geh, ich werde mit dir sein!", antwortete Gott. Gott erklärte Mose ganz genau, was er zu tun und zu sagen hatte. Mose verabschiedete sich von seinem Schwiegervater und der Familie. Mit seiner Frau, seinem Sohn und einem Esel machte er sich auf den Weg nach Ägypten.

Mose beim Pharao

So zogen sie nach Ägypten zurück, Mose, seine Frau und ihr Sohn auf einem Esel. Aaron, der Bruder von Mose, war ihnen entgegen gekommen, genau so, wie Gott es zu Mose gesagt hatte. Mose besprach mit Aaron alles, was Gott ihm gesagt hatte. „Wir werden die Ältesten des Volkes versammeln und ihnen mitteilen, dass Gott sie mit uns aus Ägypten führen wird." Gesagt – getan. Nur keiner wollte ihnen glauben.

An diesem Abend betete Mose zu Gott: „Herr, es ist, wie ich es mir gedacht habe, das Volk hört nicht auf uns." Gott antwortete ihm: „Geht zum Pharao." Das taten sie auch sofort am nächsten Morgen. Sie baten den Pharao, das Volk Israel mit ihnen ziehen zu lassen, wie es der Wille Gottes sei. „Ich kenne euren Gott nicht und ich erlaube nicht, dass das Volk Israel Ägypten verlässt. Ich will euren Gott erkennen, zeigt mir ein Wunder", forderte sie der Pharao auf. Mose gab Aaron seinen Stab, der warf ihn vor dem Pharao auf den Boden und er verwandelte sich in eine Schlange. Der Pharao rief seine ägyptischen Zauberer, „das können wir auch", sagte er zu Mose und Aaron. Die Zauberer warfen Stäbe auf den Boden, auch diese verwandelten sich in Schlangen, aber die Schlange aus dem Stab von Mose fraß alle anderen Schlangen auf. Das Herz des Pharaos aber blieb verstockt, er wollte das Volk Israel nicht ziehen lassen. Gott sprach zu Mose: „Morgen früh wird der Pharao zum Nil gehen, geh ihm entgegen und verwandele das Wasser in Blut."

Mose ging am nächsten Morgen zum Nil, traf den Pharao und verwandelte alles Wasser im Land in Blut. Der Nil und alle anderen Flüsse färbten sich rot. Den Pharao hatte es nicht beeindruckt. Sieben Tage fanden die Ägypter kein trinkbares Wasser. Der Pharao wollte das Volk Israel immer noch nicht ziehen lassen. Da ließ Gott weitere Plagen über das Land kommen. Erst wimmelte es überall von Fröschen, dann kamen die Stechmücken und dann die Fliegen. Danach fiel ein feiner Staub vom Himmel. Menschen und Tiere bekamen schreckliche Blasen, die sich entzündeten. Es war immer noch nicht genug.

Gott schickte Mose zum Pharao und drohte weitere Plagen an. So kam es dann auch. Erst kam ein großer Hagel, der die ganzen Felder zerstörte, dann kam eine Heuschreckenplage, die alles auffraß, was der Hagel übrig gelassen hatte. Zum Schluss schickte Gott eine große Finsternis, drei Tage lang war es stockdunkel, nichts und niemand waren zu erkennen. Keiner konnte aus dem Haus gehen. Gott sprach zu Mose: „Ich werde noch eine schreckliche Plage schicken. Alle erstgeborenen Söhne werden sterben, nur die Söhne des Volkes Israel bleiben verschont. Mach alles so, wie ich es dir gesagt habe."

Das letzte Mahl

Mose erinnerte sich an die Worte, die Gott ihm gesagt hatte. Es blieb nicht mehr viel Zeit. Er rief die Ältesten des Volkes Israel zusammen und berichtete ihnen: „Wir haben jetzt nicht die Möglichkeit, lange zu diskutieren, denn Gott wird in dieser Nacht die Ägypter schlagen, alle erstgeborenen Söhne werden sterben. Nehmt ein Lamm, schlachtet es und bereitet das Passahmahl. Das Fleisch sollt ihr am Feuer braten, nicht kochen, und ihr sollt es bis zum nächsten Morgen gegessen haben, nichts darf übrig bleiben. Dazu sollt ihr ungesäuertes Brot essen mit bitteren Kräutern. Wenn ihr esst, sollt ihr reisefertig sein, die Schuhe an den Füßen und den Stab in der Hand. Ihr sollt essen als die, die aufbrechen werden. Denn nach der Plage dieser Nacht wird uns der Pharao aus Ägypten ziehen lassen. Wir und unsere Nachkommen sollen diesen Tag als Gedenktag haben und dieses Mahl feiern als ein Fest für Gott. Mit dem Blut des Lamms aber bestreicht heute Abend die Seitenpfosten und die Oberschwellen an den Türen eurer Häuser. Das Blut wird ein Zeichen sein, an diesen Türen wird Gott vorübergehen, diese Häuser wird Gott verschonen. Und eins ist ganz wichtig, bleibt mit euren Familien zusammen in euren Wohnungen und setzt in der Nacht keinen Fuß vor die Tür." Alle, die versammelt waren, sahen Mose erstaunt an.

„Das wäre zu schön um wahr zu sein. Schlimmer als hier in Ägypten, als Sklaven des Pharao, schlimmer kann es nirgendwo auf der Welt sein. Das wäre zu schön um wahr zu sein. Ein Leben in Freiheit", sagte einer von den Ältesten. „Wenn der Pharao uns nur ziehen lässt, wenn das eintrifft Mose, was Gott dir gesagt hat, dann gibt es einen Jubel ohne Ende", antwortete ein anderer. Gemeinsam beschlossen sie nach Gottes Worten zu handeln. „Wir vertrauen dir und wir vertrauen Gott", alle waren sich einig. Sie knieten nieder und beteten gemeinsam. Danach gingen sie zurück in ihre Häuser, zu ihren Familien, es gab noch genug zu tun vor der Nacht der großen Plage.

Es war gerade Mitternacht. Das Land wurde heimgesucht von der Plage. Alle Erstgeborenen in Ägypten erlebten den nächsten Morgen nicht. Nicht der erste Sohn des Pharao, den traf es auf dem Thron, nicht der erste Sohn des letzten Gefangenen im Gefängnis, auch nicht die Erstgeburt aller Tiere.

Als dem Pharao das Ausmaß des Schreckens klar wurde, rief er alle Weisen und Berater, alle Zauberer und Minister zusammen. Der Katastrophenstab tagte im Palast und das Geschrei war groß im ganzen Land. Diese Plage war schlimmer als alle anderen Plagen zusammen. Der Pharao hatte nicht mit Gott gerechnet.

Sie ziehen aus

Noch in der Nacht der großen und letzten Plage ließ der Pharao Mose und Aaron in den Palast holen. Beide hatten große Angst. „Wenn wir das überleben, wenn wir da bloß heil wieder rauskommen", sagte Aaron zu Mose und die Soldaten drängten zur Eile. Im Palast kamen sie sofort vor den Pharao.

„Macht euch sofort auf, nehmt das ganze Volk Israel, alle Schafe und Rinder, zieht weg aus meinem Land. Folgt eurem Gott, der nur riesengroßes Unglück über mich, mein Haus und mein ganzes Land gebracht hat", sprach der Pharao. Mose und Aaron waren überrascht. Der ganze Krisenstab des Pharaos auch. Damit hatte niemand gerechnet. Aber der Pharao war fertig mit der Welt und fertig mit dem Gott der Israeliten. Aber er gab Mose und Aaron mit auf den Weg: „Bittet euren Gott um den Segen für mich und legt ein gutes Wort für mich bei ihm ein."

Dann ging alles sehr schnell. Die Soldaten des Pharaos trieben das Volk Israel aus den Häusern. Sie konnten nur das Nötigste zusammenpacken, wer konnte ahnen, das alles so schnell gehen würde. Auf dem Weg ließen sie sich aber von den Ägyptern noch silber-

gesagt hat." Mose gab diese Botschaft an sein Volk weiter, er spürte aber genau, so ganz hatte er sie nicht beruhigen können. An diesem Abend aber wurde der Himmel auf einmal schwarz. Es waren keine Wolken. Riesige Wachtelschwärme bedeckten das Lager. Wachteln zum greifen nah. Es gab genug für alle.

Am nächsten Morgen sah es anders aus als sonst rund um das Lager. Es hätten weiße Steine sein können, die es vom Himmel geregnet hatte. Aber es war weich und roch süß. „Das ist das Brot des Himmels, seht, Gott lässt uns nicht im Stich. Sammelt es auf, es soll uns Vorrat sein auf unserem Weg durch den Tag." Sie sammelten es auf und sie schmeckten es. Es war süß und sie gaben dem Brot des Himmels einen Namen Manna. Und das ganze Volk lobte Gott vom Morgen bis zum Abend und über den Tag hinaus.

Die zehn Gebote

Das Volk zog weiter durch die Wüste. Gott sprach immer wieder mit Mose und erklärte ihm, wie es weitergehen wird. Sie kamen an den Berg Sinai. Gott sprach zu Mose, der allein in seinem Zelt war: „An diesem Abend werde ich dir oben auf dem Berg Sinai erscheinen. Sag es dem ganzen Volk. Sie sollen unten am Berg ihr Lager behalten. Du kommst zu mir auf den Berg. Aber kein anderes Lebewesen. Kein Mann, keine Frau, kein Kind und kein Tier darf dir folgen. Du kommst allein zu mir. Das Volk soll sich ganz fest daran halten, denn wer den Berg betritt, der wird das Leben verlieren." Mose verkündete diese Worte Gottes dem ganzen Volk. Er bat sie eindringlich, sich an die Weisungen Gottes zu halten. Aaron würde bei ihnen bleiben. Wenn es Probleme gäbe, könnten sie zu ihm gehen. Es wurde Abend und Mose machte sich auf den Weg. Er bestieg den Berg Sinai. Und als er oben war, verhüllte eine Wolke den ganzen Berg und ein Nebel legte sich um ihn. „Mose“, sprach Gott, „ich bin der Gott deiner Väter. Ich gebe dir diese zwei steinernen Tafeln, auf die ich die Gesetze und Gebote aufgeschrieben habe. An diese Gebote sollst du dich halten und das ganze Volk Israel und alle, die nach euch geboren werden:

Ich bin der Herr dein Gott, du sollst keine anderen Götter neben mir haben. Du sollst dir kein Bildnis machen. Du sollst den Namen Gottes nicht missbrauchen. Du sollst den Feiertag heiligen. Du sollst deinen Vater und deine Mutter ehren. Du sollst nicht töten. Du sollst nicht ehebrechen. Du sollst nicht stehlen. Du sollst nicht lügen. Du sollst nicht begehren deines Nächsten Haus und Hof und überhaupt nichts von ihm.“

Mose kniete nieder und betete. Das Volk Israel, das unten am Berg Sinai lagerte, blickte immer und immer wieder nach oben. In diesem Augenblick glaubten sie, ein großes Feuer oben auf dem Berg gesehen zu haben, es sah aus, als ob der Gipfel des Berges in Flammen stand. Mose aber blieb vierzig Tage und vierzig Nächte alleine oben auf dem Berg. Endlich hatte er nach langer Zeit einmal wieder die Ruhe. Er genoss jeden Augenblick. Er wusste genau: Nichts und niemand konnte ihm diese Augenblicke der Ruhe nehmen.

Er war alleine mit sich und seinem Gott, und das war gut so. In diesen Tagen erinnerte er sich wieder sehr oft an die Zeit in Ägypten, an die Befreiung aus der Sklaverei, an den Weg durch die Wüste, und er bedachte auch den Weg, den er und das Volk Israel noch gehen mussten. Den Weg ins gelobte Land. Und er kannte sein Volk. Er wusste auch, dass es nicht alles so ganz einfach sein würde. Aber eines war er sich ganz sicher: „Gott ist und bleibt bei mir.“ Mit dieser Gewissheit schlief er ein.

Der Tanz um das goldene Kalb

Mose war schon sehr lange oben auf dem Berg. Die ersten Stimmen aus dem Volk meldeten sich bei Aaron: „Sag uns endlich, weißt du, was mit Mose ist? Wir brauchen ihn. Ohne ihn hören wir Gottes Stimme nicht." „Ihr wisst es genau, er kommt wieder", antwortete Aaron, „seid nicht so ungeduldig." Aber es dauerte keine vier Tage, da kam die nächste Abordnung zu Aaron: „Jetzt wollen wir nicht mehr warten. Vielleicht ist Mose oben auf dem Berg gestorben. Wir dürfen den Berg aber nicht betreten. Vielleicht ist Gott auch gar nicht mehr da. So kann es nicht weitergehen. Mach du uns einen Gott, den wir sehen, anpacken und mitnehmen können. Entscheide, aber schnell."

Aaron sah keinen Ausweg mehr, wenn ihm nicht ganz schnell die rettende Idee kommen würde, dann gäbe es einen Aufstand, eine Meuterei, und das ganze Volk würde ihn in die Wüste schicken, zum Teufel jagen, wie man so sagt. „Also gut", dachte er und sagte den Männern, die vor ihm standen, „dann sei es so. Sammelt alles Gold, das ihr beim Volk finden könnt. Sammelt die Ohrringe, jeglichen anderen Schmuck und jeden Becher, jeden Klumpen Gold. Keine und niemand darf am Abend mehr ein winziges Stück Gold besitzen."

Sie zogen los und sammelten das Gold. Am Abend schmolzen sie es im Feuer und gossen ein goldenes Kalb daraus. Als das goldene Kalb fertig war und glänzend vor ihnen stand, sagten sie mit leuchtenden Augen: „Hier sehen wir den Gott, der uns aus der Sklaverei befreit und aus Ägypten herausgeführt hat." Aaron sah sich alles an, er baute einen Altar vor dem goldenen Kalb auf und verkündete: „Hört alle zu, morgen feiern wir ein großes Fest zur Ehre Gottes."

Am nächsten Morgen standen alle früh auf, denn ein großes Fest will vorbereitet sein. Sie schlachteten die Lämmer, brachten Brand- und Dankopfer zum Altar. Dann versammelten sich alle um das goldene Kalb. Sie aßen und tranken. Sie feierten ausgelassen bis tief in die Nacht und sie tanzten vor Freude um das goldene Kalb. Oben auf dem Berg aber sprach Gott zu Mose: „Geh und steig den Berg hinab. Dein Volk, das du aus der Sklaverei geführt hast, hat den rechten Weg verlassen und ist vom Glauben abgefallen. Sie haben ein goldenes Kalb gegossen und beten es an. Geh zu ihnen. Mein Zorn und meine Strafe wird dieses Volk treffen und es vernichten." Mose war einen Augenblick sprachlos, dann aber sprach er:

„Herr, denke an Abraham und an Isaak. Du hast ihnen versprochen, dass ihre Nachkommen sich vermehren werden, dass sie wie die Sterne am Himmel und wie der Sand in der Wüste sein werden. Gib mir noch eine Möglichkeit, sie zur Vernunft zu bringen." „Dann geh, ich werde bei dir sein", antwortete Gott. Und Mose stieg den Berg hinab, mit Wut im Bauch und mit Angst im Nacken.

Der neue Bund

Mose kam zurück zum Volk, ins Lager unten am Berg Sinai. Er sah, wie sie alle ausgelassen um das goldene Kalb tanzten. Die Ersten bemerkten ihn, sahen ihn an wie einen Geist. Mose bahnte sich seinen Weg durch die tanzende Menge. Plötzlich wurde es totenstill. Mose stand vor dem goldenen Kalb, er warf die beiden Steintafeln mit den zehn Geboten mit voller Wut auf den Boden. Er warf ihnen die zehn Gebote vor die Füße.

Zerschmettert und zerbrochen lagen die Tafeln im Staub. Das Volk Israel hatte den Bund mit Gott gebrochen. Aaron fand als Erster die Worte wieder und er verteidigte sich: „Sie haben gemeckert und gemurrt, ein Aufstand lag in der Luft. Sie wollten einen Gott zum anfassen. Ich konnte nicht anders." „Vernichtet dieses goldene Kalb, schmelzt es wieder ein, auf der Stelle. Vielen wurde klar, dass sie einen großen Fehler gemacht hatten. Es wurde eine lange Nacht mit vielen ernsten Gesprächen. Am nächsten Morgen trat Mose vor sein Volk und sprach: „Ihr habt eine große Sünde begangen, aber ich habe gespürt, dass ihr bereut. Ich werde heute wieder auf den Berg Sinai steigen und werde Gott um Vergebung bitten."

Mose machte sich auf den Weg. Oben auf dem Berg bat er Gott um Vergebung: „Vergib ihnen und wenn nicht, dann streiche mich aus deinem Buch des Lebens." „Ich werde nur den auslöschen, der sich an mir versündigt. Geh und führe dein Volk in das Land, das ich schon Abraham verheißen habe. Mein Engel wird dich begleiten." Mit zwei neuen Tafeln mit den zehn Geboten stieg Mose vom Berg hinab.

Unten angekommen versammelte sich das Volk um Mose und er sprach: „Gott wird den Bund mit uns erneuern, wir sollen ihm Opfer bringen, wertvolle Gaben. Einen Tempel sollen wir schaffen, den wir mitnehmen können, aus Zeltbahnen. Wertvolle Öle werden wir dort in den Lampen verbrennen, einen Altar soll es geben und einen siebenarmigen Leuchter. Baut eine Lade aus wertvollen Hölzern, die wir innen und außen mit Gold verzieren werden. In ihr werden wir die beiden Tafeln mit den zehn Geboten, die Gott uns gegeben hat, aufbewahren." Das Volk machte sich ohne Murren an die Arbeit.

Als alles fertig war, so wie Mose es wollte, gab es ein feierliches Fest. „Gott hat den Bund mit seinem Volk erneuert. Lasst uns ihn loben allezeit und mit seiner Liebe und mit seinem Segen in das gelobte Land ziehen."

Eigenhändig verschloss Mose die Steintafeln mit den zehn Geboten in der goldenen Bundeslade. Sie machten sich auf den Weg ins gelobte Land und der Engel Gottes zog vor ihnen her.

Das gelobte Land

Nach einem langen Weg durch die Wüste kamen sie in die Nähe des Jordans. Mose konnte den Fluss sehen, aber Mose war alt geworden. Einhundertzwanzig Jahre, seine Augen sahen noch gut. Gott sprach zu ihm: „Du sollst Josua zu deinem Nachfolger berufen. Denn du wirst das gelobte Land noch sehen, aber Josua wird das Volk Israel in das gelobte Land führen. Aber vorher sollt ihr das Land noch genau aufteilen unter den Stämmen, denn sonst wird es nicht gut gehen. Denn ich, dein Gott, sehe jetzt schon, dass es kein gutes Ende nehmen wird. Es wird so kommen, wie ich es dir jetzt sage. Dem Volk wird es gut gehen im gelobten Land. Es wird sein, als wenn Milch und Honig fließen. Sie werden satt und sie werden fett wie die Tiere werden und es wird ihnen so gut gehen, dass sie keinen Gott mehr brauchen und an die Gebote müssen sie sich dann erst recht nicht mehr halten.

Unterrichte dein Volk. Warne sie vor dieser Gefahr sehr eindringlich. Denn wenn sie den Bund mit mir brechen, werde ich sie ihrem Schicksal überlassen und es wird ihnen schlecht gehen, wie damals den Ägyptern."

Mose unterrichtete sein Volk sehr eindringlich, so wie Gott es ihm gesagt hatte. Dann berief er Josua zu seinem Nachfolger. Tagelang und nächtelang haben sie miteinander gesprochen. Mose hat ihm alles gesagt, was er wissen musste. Dann legte er seine Hände auf seinen Kopf und segnete ihn: „Fürchte dich nicht, Gott wird mit dir gehen und bei dir bleiben. Führe das Volk Israel über den Jordan in das gelobte Land." Danach trat Mose vor das Volk. Viele von ihnen spürten, dass er seine Abschiedsrede hielt. Sie hatten Tränen in den Augen.

Mose schloss seine Rede mit dem Segen: „Alles hat seine Zeit. Der Gott der Liebe wird bei seinem Volk bleiben. Er wird euch behüten und beschützen. Das ist gewiss. Und ihr, bleibt bei ihm und verlasst nicht den Weg des Glaubens. Lobt Gott mit eurer

Stimme, mit Herzen, Mund und Händen, heute und an jedem Tag."

Am nächsten Morgen hörte Mose Gottes Stimme: „Geh auf den Berg Nebo, ich werde dir das Land Kanaan, das gelobte Land, zeigen. Du wirst es aber nicht mehr betreten. Mose stieg auf den Berg Nebo. Gott rief ihn:

„Mose, sieh, das ist das gelobte Land, das ich deinen Vätern schon versprochen habe. Deine Nachkommen und deren Kinder und Enkelkinder werden dort in Frieden leben." „Herr, dein Wille geschehe. Mein Herz ist voll Freude, dass ich das gelobte Land nach so vielen Jahren in der Wüste noch sehen durfte." Dann legte er sich nieder und schlief ein, für immer. Josua aber führte das Volk Israel über den Jordan in das gelobte Land.

Davidgeschichten

David und Goliath

Saul, der König von Israel, hatte Ärger mit den Philistern. Diese Philister fühlten sich so stark, dass sie sich eines Tages auf einen Berg an die Grenze zu dem Königreich von Saul stellten und Israel den Krieg erklärten. Saul trommelte alle wehrfähigen Israeliten zusammen. Sie stellten sich auf den gegenüberliegenden Berg. Nicht dumm, dachten die Philister: „Warum sollen wir so viele Soldaten im Krieg opfern. Wir fordern die Israeliten zum Zweikampf heraus. So einen starken Krieger wie unseren Goliath haben die bestimmt nicht in ihren Reihen."

Die Israeliten ließen sich auf den Zweikampf ein. Als sie aber Goliath sahen, fielen sie fast in Ohnmacht vor Schreck. Der Mann musste bestimmt drei Meter groß sein und mit Helm, Brustpanzer und Beinschienen sah er zum Fürchten aus. Wer würde gegen diesen Riesen antreten? Ganze vierzig Tage beratschlagte Saul sich mit seinem Hofstaat. Er versprach sogar dem Mann, der Goliath besiegte, Reichtum, Steuerfreiheit und seine Tochter. Aber keiner meldete sich. Seine Wut auf die Philister wuchs währenddessen immer mehr, weil die siegesgewissen Philister den Gott seines Volkes laufend demütigten:

„Na, warum habt ihr denn so Angst, wenn euer Gott so mächtig ist, wie ihr immer sagt?" Da hörte Saul von einem, der sich unter seinen Soldaten nach der Belohnung für den Kampf mit Goliath umhörte. Er rief ihn voller Hoffnung zu sich. Aber als Saul das Bürschchen sah, konnte er nur feststellen: „Du bist ja noch gar nicht erwachsen! Wie willst du Goliath besiegen?" „Ich heiße David, meine Brüder sind tapfere Soldaten in deinem Heer und mein Vater ist Isai aus Bethlehem", antwortete David.

Er fuhr fort: „Mein Beruf ist Hirte. Oft habe ich während meiner Arbeit mit dem ein oder anderen Bären oder Löwen kämpfen müssen. Ich habe sie alle besiegt. Ich werde auch mit Goliath kämpfen und ihn besiegen. Gott wird mir helfen, denn die Philister missachten seinen Namen." Saul, der keine Alternative hatte, sagte: „Na gut! Kämpfe!"

Die Rüstung von Saul lehnte David ab, denn sie war viel zu schwer für ihn. Nur mit Hirtenstab, Schleuder und Kieselsteinen machte er sich auf. Goliath war entsetzt, was wollte der Wicht von ihm. Unschöne Worte verließen seine Lippen:

„Komm her, du Wicht! Ich verarbeite dich in wenigen Minuten zu Hackfleisch." David antwortete nur: „Ich merke schon, du fühlst dich stark mit Schwert und Schild. Mir wird kein Schwert, sondern der allmächtige Gott beistehen." Goliath lachte nur. Da spürte er einen Schmerz an seiner Stirn. David hatte ihn mit der Schleuder und einem Kieselstein am Kopf getroffen. Goliath fiel um und war tot. Saul und das Volk Israel jubelten. Saul bedankte sich bei David und machte ihn zum Oberbefehlshaber seiner Truppen.

David und sein Freund Jonathan

Als David und Prinz Jonathan sich das erste Mal in die Augen schauten, wussten beide sofort: „Wir passen zusammen wie Topf und Deckel." Dagegen verschlechterte sich das Verhältnis zwischen David und dem Vater Jonathans, König Saul, zunehmend. Der Neid in Saul auf David wuchs, denn überall in den Städten Israels sangen die Menschen Lieder über David und wie er die Philister in die Flucht geschlagen hatte. Saul dachte:

„Ich bin König von Israel, nicht David! Mein Sohn Jonathan soll nach mir König werden, nicht David! Dieser hergelaufene Hirtensohn begeistert die Massen so sehr, dass sie schon Lieder über ihn dichten." So fing Saul an, David auf die Probe zu stellen. Er spionierte ihm nach. Schließlich, als das alles nicht zu seinem gewünschten Ziel führte, fing er an, ihn zu verfolgen. David musste fliehen. Wo flieht man hin, wenn man Angst hat, aber kein Zuhause mehr? Zu einem guten Freund. David floh zu seinem besten Freund: Jonathan. Ganz erschöpft kam David bei ihm an: „Jonathan, ich verstehe das überhaupt nicht, aber dein Vater scheint mich töten zu wollen. Ich weiß gar nicht mehr, was ich machen soll." Jonathan stand nur da und schüttelte seinen Kopf. David fuhr fort:

„Jonathan, hilfst du mir herauszubekommen, ob dein Vater mich wirklich töten will? Ich habe schon einen Plan." „Ja", sagte Jonathan ganz leise, „ich muss unbedingt wissen, ob mein Vater es wagt, meinen besten Freund zu töten, nur weil dir Gott viel Glück und Erfolg schenkt. Aber versprichst du auch vor Gott, wenn du König wirst und nicht ich, dass du weiterhin mein bester Freund bleibst?" „Ich schwöre es, so wahr Gott lebt." „Versprichst du auch, mich, meine Kinder und Enkelkinder nicht zu vergessen, wenn du es dir als König im Palast gut gehen lässt?"

„Ich schwöre es bei Gott." „Gut. Wie ist dein Plan?" Nun erzählte David, wie er Saul auf die Probe stellen wollte: „Morgen feiert Saul seinen Geburtstag. Ich werde aber nicht hingehen. Würdest du mich entschuldigen und mir berichten, wie er reagiert?" Am Tag nach der Feier trafen sich die beiden an einem versteckten Ort. David kam nach einem abgesprochenen Zeichen aus seinem Versteck. Beide fielen sich in die Arme. „David, mein Vater wurde ganz wütend, als ich dich entschuldigte. In seiner Wut hat Vater mir gestanden, dass er dich töten will, weil er Angst hat, du könntest mich töten, um König zu werden. Ich wollte ihn eines Besseren belehren. Da nahm er sein Schwert und richtete es auf mich. Ich bin wortlos von der Geburtstagstafel aufgestanden." David konnte es gar nicht in Worte fassen, wie dankbar er Jonathan war. Er hielt ihn nur ganz fest. Nun wusste David, dass er nie wieder zu Saul zurückkehren konnte.

Saul gegen David

Wenn ein König einem ans Leder will, muss man sich gut verstecken. So verließ David seine gewohnte Umgebung, seine Familie und seinen besten Freund Jonathan. Unterwegs kam er bei ein paar Priestern vorbei. Sie gaben ihm Brot, Wasser und das Schwert von dem Philister Goliath. Weil David zu bekannt war, konnte er sich nicht in den Städten Israels sehen lassen. Er flüchtete in die einsamen Berge. Dort gründete er eine Bande, die in kurzer Zeit auf 600 Menschen anwuchs. Lauter Frauen und Männer gehörten ihr an, die nirgends mehr ein Zuhause hatten. Und Saul war furchtbar wütend. Welcher Skandal? David war ihm entkommen. Damit nicht die ganze Welt über ihn lachen würde, musste er ihn finden und töten. Er sammelte seine Soldaten und ritt los, denn er hatte einen sehr verheißungsvollen Tipp erhalten: David solle bei den Priestern von Nob sein. Als Saul dort ankam, war David weg. So ließ er alle 85 Priester töten.

Auch während der ganzen weiteren Verfolgungsjagd kam Saul immer wieder ein wenig zu spät. Gott stand David und seiner Bande bei. Er warnte sie im richtigen Augenblick. Aber Saul gab nicht auf. Wer möchte schon gerne als König vor seinen Untertanen als Versager gelten? Nach einem anstrengenden und langen Ritt durch die Berge musste Saul ganz dringend einmal für große Könige. Er rief: „Stopp!" Alle Soldaten blieben stehen. Saul stieg vom Pferd und machte sich auf die Suche nach einer geeigneten Stelle, an der er unbeobachtet war. Da fand er den Eingang einer Höhle. Er ging hinein.

Drinnen war es sehr dunkel. Taschenlampen, Streichhölzer und Feuerzeuge gab es noch nicht. Mit etwas Licht hätte er gesehen, dass er nicht alleine in der Höhle war. Wer war da? Kaum zehn Meter weiter, in einer Ecke der Höhle saß David mit seinen Männern. Sie hatten Saul beobachtet, wie er in die Höhle kam. Vor Spannung hielten sie den Atem an. David saß da und kämpfte mit seinem Gewissen: „So leicht werde ich Saul nie wieder töten können. Gott hat ihn mir in die Hand gegeben. Aber wie kann ich den Vater meines besten Freundes töten?" Doch er musste handeln, sonst war Saul weg. David schlich sich leise an Saul heran. Er holte mit seinem Goliathschwert aus und...? Und schnitt ein Stück Stoff von Sauls Gewand ab. Saul verließ die Höhle ohne Kratzer. Hinter ihm kroch David aus der Höhle. Als Beweis für seine Worte zeigte David Saul das Stück Stoff und sagte: „Du solltest Verbrecher verfolgen. Ich bin kein Verbrecher, denn ich habe dich nicht getötet, obwohl dich Gott mir in die Hand gab." Saul schaute David nur mit großen Augen an. Er sagte: „Mein Sohn. Du machst mich verlegen. Ich sehe nun ein, dass Gott dich mit Recht zum König erwählt hat."

David und die schöne Batseba

David war König von Israel geworden und wohnte in einem Palast in Jerusalem. Jeden Tag drehte er nach seinem Mittagsschlaf eine Runde auf der Dachterrasse. So tat er es auch an diesem Tag. Da erspähte er durch das Fenster im Nachbarhaus eine Frau beim Baden. David war überwältigt von ihrem Anblick und dachte: „Träum ich oder spinn' ich. Ich habe schon oft meiner Frau Micha und meinen Nebenfrauen beim Baden zugesehen, aber diese Frau ist einfach nur faszinierend." Er rief laut:

„Verwalter, sage mir umgehend, wie diese bezaubernde Frau dort drüben heißt und lade sie heute Abend zum Essen ein!" Gegen Abend meldete der Verwalter: „Batseba, die Frau des tapferen Soldaten Urija, hat deine Einladung angenommen. Sie ist da." David war entzückt, als er ihr gegenüberstand. Die beiden aßen aber nicht nur gemeinsam zu Abend, sondern schliefen nach dem Essen miteinander. Wer kann es schon wagen, einem König etwas auszuschlagen? Batseba ging mit gesenktem Haupt nach Hause. Urija durfte sie nie von diesem Abend erzählen. Doch nach drei Wochen stellte sie fest, dass sie schwanger war. Was sollte sie tun? Ihr Mann Urija, der die ganze Zeit an der Front gekämpft hatte, konnte nicht der Vater sein. So schrieb sie an David einen Brief: „David, du kannst dich freuen. Du wirst Vater!" Als David den Inhalt des Schreibens las, war ihm gar nicht mehr zum Lachen zumute. Wie kam er da nur ungeschoren wieder heraus? Wenn das erst einmal an die Öffentlichkeit kam, war sein guter Ruf ruiniert. Da fiel ihm des Rätsels Lösung ein. Morgen kam Urija aus dem Krieg zurück. Er würde ihn ganz einfach als Sonderurlaub zu seiner geliebten Frau schicken. Die Eheleute würden miteinander schlafen und Urija würde sich nicht mehr über eine Schwangerschaft von Batseba wundern. Am nächsten Tag ließ er Urija zu sich rufen und sagte:

„Urija, du bist so ein tapferer Krieger gewesen. Wie wäre es, wenn du dich ein wenig in den Armen deiner Frau erholen würdest?“ „David“, antwortete Urija, „du bist zu gütig, aber ich möchte mit den anderen Soldaten auf dem Boden im Zelt schlafen. Was denken die von mir, wenn ich eine Extrawurst bekomme? Das mache ich auf keinen Fall.“ David dachte nur: „Wie kann dieser Mensch nur so pflichtbewusst sein. Plan A geht also nicht auf. Dann muss ich zu Plan B greifen.“ David orderte Joab, den Oberbefehlshaber seines Heeres in den Palast. „Joab, ich muss Urija aus privaten Gründen loswerden. Stell ihn an die vorderste Front. Er muss im Krieg fallen.“ Wenige Tage später erhielt David die Nachricht, dass Urija im Krieg gefallen war. Plan B hatte gegriffen. Nach einer kurzen Trauerzeit heiratete er Batseba. Sie gebar ihm einen Sohn, was nun niemanden mehr verwunderte.

Natan liest David die Leviten

David war stolz auf sich, wie geschickt er in der Sache mit Batseba vorgegangen war. Er saß genüsslich in Gedanken versunken auf seinem Thron. Da meldete ihm sein Verwalter: „Ein gewisser Natan will dich sprechen.“ „Lass ihn hinein, ich bin in guter Stimmung und höre mir gerne an, was er zu erzählen hat.“ Natan trat ein und begann zu sprechen: „David, ich bin gekommen, um deine Meinung in einem Streitfall zu hören. In einer Stadt leben ein armer und ein reicher

Mann. Der reiche Mann besitzt viele Schafe und Rinder. Der arme Mann besitzt nur ein einziges Lamm, um das er sich mit aller erdenklichen Fürsorge kümmert. Er teilt mit dem Lamm seine spärliche Nahrung, seinen kleinen Wohnraum und seine harte Schlafstelle. Das Lamm bedeutet ihm so viel wie ein Mensch. Noch mehr, so viel wie seine eigene Tochter oder ein guter Sohn. Doch da bekommt der reiche Mann Besuch. Für den festlichen Schmaus mit seinem Besuch möchte er keines seiner Schafe schlachten. Da nimmt er dem armen Mann sein Lamm weg und schlachtet es."

David hatte die Geschichte kaum zu Ende gehört, als er schon vor Wut über so viel Unverfrorenheit in die Luft ging. „Zeig mir diesen Menschen. Ich werde ihm die Leviten lesen und ihm beibringen, sich an anderer Leute Sachen zu vergreifen." Natan schaute David ganz ruhig und ganz tief in die Augen. Er betonte jedes Wort: „Du bist dieser Mensch! Gott hat mich geschickt, um dir die Leviten zu lesen. Wie konntest du Urija nur so skrupellos umbringen lassen? Warum hast du nicht Gott gebeten, dir zu helfen? Vertraust du Gott nicht mehr? Hast du vergessen, wie dir Gott bei Goliath geholfen hat? Wie er dir Saul in die Hand gab? Nun sitzt du auf deinem Thron und bist dir deiner Sache sicher.

Deine Untertanen haben deine Hinterhältigkeit nicht mitbekommen, aber Gott." David saß nun nicht mehr stolz und erhaben auf seinem Thron. Ganz im Gegenteil, er war in sich zusammengefallen. Leise stotterte er vor sich hin: „Ja, ich sehe ein, dass es ein großer Fehler war und ich gesündigt habe. Aber ich kann es nicht mehr rückgängig machen." „Es ist ja schon mal gut", sagte Natan „dass du dir deiner Schuld bewusst bist. Gott wird dich am Leben lassen. Zur Strafe wird dein Thronfolger, den dir Batseba geboren hat, sterben." Während diese Worte noch den Raum erfüllten, drehte sich Natan auf dem Absatz um und verließ den Palast. Im Kopf von David blieb nur noch eine einzige Frage zurück: „Würden inbrünstiges Beten, Flehen und Fasten Gott davon abhalten, seinen Sohn sterben zu lassen?" Aber nichts davon half. Sein Sohn starb. Aber Gott schenkte Batseba und David erneut einen Sohn. Sie nannten ihn Salomo. Ihm stand Gott bei, so dass ihn Natan sogar „Gottes Liebling" nannte.

Erinnerungsgeschichten

und Schutt und Asche gebracht. Nichts war mehr so, wie es einmal war. Sie hatten alles verloren. Ihre Lieder hatten sie auch verloren, ja, manche sogar ihre Stimmen. In Babylon angekommen, dachten sie über ihr Leben nach.

„Wir haben alles falsch gemacht", sagten sie sich, „auf Jeremia haben wir nicht gehört. Ausgelacht haben wir ihn. Wisst ihr noch die Geschichte mit der Vase und dem Scherbengericht? Wisst ihr noch die Geschichte mit seinem Holz- und Eisenjoch?" Sie nickten und wussten es alles noch zu genau. „Wir taugen nicht zum Volk Gottes", sagten einige. Andere wiegten die Häupter: „Vielleicht doch. Vielleicht können wir hier in der Fremde den richtigen Glauben finden. In Jerusalem war fast alles falsch." Und sie fingen an, ihren lebendigen Gott in der Fremde zu suchen – sie erinnerten sich der alten Geschichten und erklärten damit ihre Welt und ihren Glauben.

Der Anfang der Welt

„Die Babylonier beten die Sterne an und den Mond und die Sonne", sagten die Jungen zu den Alten, „und wir hier in der Fremde, wir haben keinen Tempel. Nichts haben wir." „Doch", sagten die Alten, „wir haben unseren Gott. Und der hat alles aus dem Nichts geschaffen." „Erzählt", baten die Jungen die Alten, „erzählt, wie alles anfing mit Gott und den Menschen und mit Allem, was wir Tag und Nacht sehen." Und so erzählten die Alten die Geschichte vom Anfang: Am Anfang war gar nichts, überhaupt nichts. Und dieses Nichts war überall. Und doch war Gott mit seiner Urkraft im Nichts und schuf Himmel und Erde. Das war der Anfang. Doch die Erde war wüst und leer und finster. Gott schwebte über allem und brachte Licht ins Dunkel. Hell und Dunkel wurden geboren. Das war Gottes erster Tag, der einige Millionen Jahre gedauert hatte. Bei Gott war es eben nur ein Tag. Und Gott unterschied die

Elemente: Die Erde wurde zur Erde und der Himmel zum Himmel, die Lufthülle, die alles umgibt. Das war der zweite Tag. Wieder Millionen Jahre. Aber Gott rechnet eben in anderen Zeiten. Und Gott trennte Wasser und Erde, Flüsse und Berge voneinander, Meere und Land. Und Gott sah, alles war sehr gut. Er sprach mit seinem Geiste: Auf dem Land soll alles wachsen, was Wurzeln hat, Gras und Bäume, Blumen und Büsche – und viele, viele Früchte. Eine lange Zeit verging: Der dritte Tag. „Ich will den Tag hell machen und die Nacht erhellen", sagte Gott und schuf zwei Lichter: Die strahlende Sonne und den leuchtenden Mond – und Millionen Sterne. So schuf er die Zeiten, die Tage und Nächte, die Jahre und Jahrtausende.

Der vierte Tag nach Gottes Zeitrechnung. „Im Wasser soll es lebendig werden", sagte Gott, „kleine und große Fische, ja, sogar welche, die fliegen können, und Vögel unter dem Himmel mit ihren großen und kleinen Flügeln, die sich bis zum Himmel hinaufschwingen und über Land und Meere fliegen." Es war sehr gut. Der fünfte Tag seiner Zeitrechnung. Am sechsten Tag schuf er die Tiere, die Riesen unter ihnen und das viele Gewürm, und die unzähligen Arten, die auf der Erde leben. Und Gott schuf den Menschen – er sollte sein Ebenbild sein: ein Mann und eine Frau. Und er segnete sie mit seiner Liebe.

„Immer, wenn ihr euch liebt, seid ihr mir gleich", sagte er, „alles habe ich euch gegeben und alles für euch geschaffen. Ihr braucht keine Angst haben; denn alles kommt von mir. Alles gehört euch. Behandelt die Schöpfung wie gute Königinnen und Könige, die mit allem gut umgehen." Und Gott sah alles an, was er geschaffen hatte: Siehe, es war sehr gut. Alles war vollendet: Der Himmel beschützt die Erde. Die Menschen und Tiere wohnten beieinander, die Vögel durchzogen die Lüfte, die Fische die Meere. Die Welt war die Heimat aller geworden. Die Vollendung. So ruhte Gott am siebenten Tag. „Das ist mein Tag", sagte er und segnete alles, was er geschaffen hatte. Dieser Tag war angefüllt mit seinem Segen für die Welt. „Übrigens", sagten die Alten zu den Jungen, „das ist bis zum heutigen Tag noch gültig. Versteht ihr?" Die Jungen nickten nachdenklich über das, was sie gehört und sogar gesehen hatten.

Das Paradies

„Es kann auch ganz anders gewesen sein", meinte einer der Alten nachdenklich. „Vielleicht begann Gottes Schöpfung mit den Menschen." „Erzähle, was du weißt", baten die Jungen und der Alte erzählte:

„Vor langer Zeit, als Gott Himmel und Erde machte – und das war erst einmal alles – , gab es nur Wüste. Kein Kraut konnte wachsen, überhaupt nichts konnte wachsen; denn Gott hatte es noch nicht regnen lassen. Nur der Nebel, der aufstieg, befeuchtete das Land. Da formte Gott, der Schöpfer, den Menschen aus Erde und blies ihm den Lebensatem ein. So schuf er ein lebendiges Wesen. Da trieb Gott schwarze Wolken heran, die sich über der verdursteten Erde ausregneten; und die Wüste begann über und über zu blühen. Gott legte einen wunderbaren Garten an: herrliche Obstbäume, schlanke Palmen, Schatten spendende Platanen – eine Oase. Und er nahm den Menschen Adam und setzte ihn mitten in diesen Garten, damit er ihn pflegte. Adam nannte ihn Paradies.

Und Adam liebte den Garten und pflegte ihn. Voll Dankbarkeit führte er Gott durch das Paradies und zeigte ihm alles, was besonders schön war. Er verstand sich gut mit Gott. Und doch war er allein. So schuf Gott die Tiere und brachte sie zum Menschen, damit er für sie sorge. Und wie Adam den Garten liebte, so liebte er auch die Tiere, die um ihn waren, ihm bei seiner Arbeit halfen, die ihm Kleidung und Nahrung schenkten. Und doch war er allein; denn er konnte mit ihnen nicht reden.

Das machte Gott Kummer; er überlegte in seiner Güte: ‚Was kann ich nur gegen die Einsamkeit Adams tun? Es ist nicht gut, dass der Mensch allein sei. Ja, eine Partnerin will ich ihm schaffen – ihm gleich. Gemeinsam sollen sie den Garten und die Tiere pflegen.' Da schuf Gott Eva und brachte sie zu Adam: ‚Gemeinsam sollt ihr leben und arbeiten und feiern; einer soll für den anderen da sein!' Adam und Eva waren sehr glücklich – und voll Dankbarkeit gegen den gütigen Gott, der ihnen das Paradies, die Tiere und sich gegenseitig anvertraut hatte. Wenn nicht, ja wenn nicht der Baum der Erkenntnis von Gut und Böse im Garten gewachsen wäre... Aber das ist eine andere Geschichte." So erzählte der alte Weise die Geschichte vom Paradies. Und seitdem träumen die Menschen vom Paradies, vom Himmel auf Erden.

Die Schlange und der Sündenfall

Sie hieß Eva, die Mutter aller Menschen. Er war Adam, der Mensch. Gott hat sie geschaffen. Das wussten sie und wollten es nie vergessen. Sie waren glücklich und zufrieden und lebten mit Gott und der Welt im Einklang. Diesen Einklang nannten sie Paradies. Sie hatten den Himmel auf Erden. Sie aßen, was sie fanden, und spielten mit den Tieren. „Alles hat Gott geschaffen", sagten sie sich immer wieder gegenseitig und sie vertrauten einander.

Eines Tages wurde der Friede gestört. Zweifel schlichen sich in die Gedanken der Eva: „Warum sollen wir nicht vom Baum der Erkenntnis essen? Warum nur?" Als sie so ihren Gedanken nachging, erschreckte sie eine raschelnde züngelnde Schlange. „Warum dürft ihr nicht von diesem Baum essen mitten im Paradies? Oder weißt du nicht, wo die Mitte ist?", schlich sich die Schlange in Evas Gedanken ein.

„Doch, ich weiß schon Bescheid", antwortete sie der Schlange, „aber Gott hat gesagt, wir werden sterben, wenn wir davon essen." „Nichts werdet ihr. Ihr werdet weiter leben. Und ihr werdet viel mehr wissen als jetzt. Ihr werdet sein wie Gott und nicht nur einen Teil des Lebens kennen. Ihr werdet wissen, was gut ist und was böse. Ist das nicht toll? Komm", lockte die Schlange, „komm, und folge mir." So gelangten sie in die Mitte des Gottesgartens bis zur Mitte der Erkenntnis. Es war wie ein

Geheimnis, dem sie sich näherten. Der Baum zog sie an, die Früchte lockten und die Schlange hing noch in ihren Gedanken fest: „Nimm von der Frucht und iss sie, dann wirst du sein wie Gott!" So griff sie in den Baum, mitten in die Erkenntnis und aß von der Frucht.

Sie nahm sich noch so viel mit, wie sie tragen konnte und gab Adam davon. Auch er aß. Mit einem Mal wurden beiden die Augen geöffnet. Sie sahen, was gut ist und was böse. Sie bekamen Angst. Etwas, was sie vorher nicht gekannt hatten. Sie flohen durch das Paradies wie gehetztes Wild und sie erkannten, dass sie nackt waren. Der Einklang mit Gott und der Welt wurde zum Missklang. Gott rief sie. Aber sie versteckten sich. Bisher waren sie auf du und du mit Gott. Doch jetzt wurde der Abstand zwischen Gott und ihnen von Versteck zu Versteck größer.

Gott fand sie aber trotzdem. „Adam, Mensch, wo bist du?", rief er ihnen nach. „Ich war nackt und habe mich vor dir versteckt", antwortete Adam. „Wer hat dir gesagt, dass du nackt bist? Du hast vom Baum der Erkenntnis gegessen, von dem du nicht essen solltest. Du solltest nur wissen, was gut ist – und niemals, was böse ist!" „Eva war's", sagte Adam. „Nein, ich nicht", verteidigte sich Eva, „die Schlange war's!" „Oh, Gott", sagte Gott zu sich „einer schiebt es auf den anderen. Was soll ich mit euch machen? Die Schlange soll durch alle Zeiten bis ans Weltenende kriechen. Und ihr? Geht hier weg. Im Schweiße eures Angesichtes sollt ihr Brot essen und mit Schmerzen Kinder gebären. Dornen und Disteln werden auf euren Wegen wachsen. Das unendliche Glück habt ihr zerstört. Du Mensch, du bist aus Erde und zu Erde sollst du wieder werden. Dein Leben hat nun Anfang und Ende. Hier könnt ihr nicht bleiben. Geht!"

Und Gott machte Adam und Eva Kleidung von Fellen und schützte sie so vor der Kälte außerhalb des Paradieses. Gott schickte sie hinaus. Er selbst blieb aber nicht im Paradies. Er ging mit ihnen, um sie zu beschützen. Er blieb bei ihnen, so unvorstellbar das auch sein mag.

Kain und Abel

Adam und Eva arbeiteten, dass ihnen der Schweiß von der Stirn rann. Ihnen fiel nichts mehr in den Schoß, so wie im Paradies. Sie wussten nun, was gut war und was böse ist. Diese Erkenntnis, die nur Gott aushalten konnte, hatten sie mitgenommen. Und weil sie zu schwach waren für das Böse, war Gott bei ihnen. Ob immer und ewig, sie wussten es nicht.

Ihr Lebensweg hatte sie zusammengeschweißt: den Adam mit seiner Eva. Sie schmiegten sich oft aneinander, und dann geschah ein Wunder. Adam und Eva bekamen ein Kind, einen Sohn. „Der kommt von Gott", meinte Eva. Hoffentlich sollte sie Recht behalten. Sie nannten ihn Kain. Ein zweiter Sohn folgte. Sie nannten ihn Abel. Abel wurde Hirte. Er zog von Weide zu Weide. Sammelte, hütete, war heute hier und morgen dort. Er lebte von der Hand in den Mund, wie sein Bruder Kain über ihn redete.

Der packte das Leben ganz anders an. Er wurde Bauer. Säte und erntete, und damit die wilden Tiere seine Äcker nicht zerstörten, baute er große Mauern und Zäune um sein Anwesen. Natürlich lebte er in einem festen Haus, nicht in Zelten. Und natürlich gab es oft Streit, wenn eine der Ziegen seines Bruders wieder einmal ein Loch im Zaun entdeckt und den Kohl gefressen hatte. Oder wenn Abel einen Mordshunger hatte und Kain um etwas Essbares bat. Die beiden waren so unterschiedlich wie Tag und Nacht. Außerdem bildete sich Kain als Erstgeborener eine ganze Menge ein: „Gott ist mit mir. Immer!" Abel machte sich nichts daraus, dass er „nur" der Zweite war. Er wollte nur leben und frei sein.

Und er wollte keine Angst um seinen Besitz haben müssen. Kain ging auf sein Feld, nahm eine große Schale und sammelte alles hinein, was auf seinen Feldern wuchs. Er zündete ein großes Feuer an, legte die volle Schale hinein, damit die Glut alles zum Schmoren brachte. So wollte er Gott die Ehre geben. „Eine gute Idee", dachte Abel. „Ich nehme das Fett meiner geschlachteten Tiere, viel ist es ja nicht, aber ich will Gott auch die Ehre geben."

So gedacht, so getan. Abel zündete ein ebenso großes Feuer an und ließ das Fett schmoren.

Der Rauch stieg steil zum Himmel, was bedeutete: Gott nimmt dein Opfer an. Der Rauch aber von Kains Opfer schlich sich über den Boden. Er konnte sich nicht zum Himmel schwingen. Und Kain ergrimmte vor Zorn, er kochte vor Wut. „Gott soll mit Abel sein? Diesem Herumtreiber? Diesem Nichtsesshaften?“ „Warum blickst du so finster?“, fragte Gott. „Sieh mich an. Blick hinauf zum Himmel, sonst wird noch etwas Böses geschehen.“ Aber Kain sah seinem sich am Boden windenden Rauch nach. Er erhob sich und rannte zu Abel. „Komm her!“ befahl er. Abel stand auf und ging zu seinem Bruder Kain. Als sie sich trafen, erschlug Kain seinen Bruder Abel. Er stieß ihn nieder und schlug ihn tot.

„Wo ist dein Bruder Abel?“, hörte er die Stimme Gottes. „Ich weiß es nicht. Soll ich meines Bruders Hüter sein?“, antwortete er. „Was hast du getan?“, fragte Gott weiter, „das Blut deines Bruders schreit zum Himmel. Verflucht seihst du auf der ganzen Erde. Du sollst dein ganzes Leben vor dir selber auf der Flucht sein.“ „Ich kann deine Strafe nicht ertragen. Sie ist für mich zu schwer“, bat Kain um Milde, „wenn ich mich irgendwo blicken lasse, muss ich mich verbergen, sonst schlägt man mich tot. Ich halte das nicht aus!“ „Nein“, sprach Gott zu Kain „ich mache dir ein Schutzzeichen, damit dich niemand anrühre.“ So schützte Gott noch Kain, den Brudermörder, vor der Rache der Menschen.

Die Sintflut

Es ging bergab mit den Menschen. Es gab immer mehr, die groß und stark sein wollten und die Schwachen kaputt machten. Es gab immer mehr, die reich sein wollten, und den Armen das bisschen, was sie hatten, auch noch wegnahmen.

Gott war tief enttäuscht über seine Menschenschöpfung. Für diese Menschen wollte er kein Gott mehr sein – sie fragten sowieso nicht nach ihm. „Ich muss mit den Menschen noch einmal neu anfangen", sagte er sich und suchte einen, dem er vertrauen konnte. Er suchte Noah, der noch verstand, was Gott ihm sagte, und vor allen Dingen auch tat, was er ihm auftrug.

So entwickelte Gott einen Plan, und Noah baute eine Arche, ein Riesenschiff aus Holz mitten auf einem Berg, direkt hinter seinem Haus. „Es wird noch einmal wie zu Anfang der Schöpfung werden: Wasser und Land werden sich vermischen, auch Himmel und Erde. Und du und die Tiere, von jedem Paar eines, ihr sollt überleben." So baute Noah die Arche. Seine Kinder fingen schon die Tiere ein, einige kamen von selbst angekrochen und angeflogen. Sie ahnten, was für ein Unglück nahte. Die Menschen aber spotteten über Noah und erklärten ihn für verrückt.

Das Schiff wurde 200 Meter lang, 35 Meter breit und 25 Meter hoch. Mit vielen Ställen und drei Etagen. Eines Tages, gerade als alles fertig war, kam die große Wetterwende. Es regnete, es goss in Strömen. Die Menschen flüchteten in die Häuser, aber Noah, seine Kinder und seine Tiere stiegen in die Arche. Die Flüsse traten über die Ufer, die Meere auch. Die Menschen kletterten auf ihre Dächer, einige auf hohe Bäume. Aber das Wasser stieg unaufhörlich. Sie ertranken alle. Das Wasser floss um die Arche herum und hob sie hoch. Jeder in der Arche merkte, dass sie nun schwammen. 40 Tage und 40 Nächte lebten sie miteinander. Die Menschen, sogar die Tiere vertrugen sich. Alles, was sie hatten, teilten sie. Mit einem Mal ruckte das Schiff. „Das Schiff ist an Land gestoßen, und der Regen hatte aufgehört auf das Dach zu

Trommeln", sagten sie. Sie ließen eine Taube frei, die kam aber müde zurück, sie hatte nur Wasser gesehen und kein Land, auf dem sie sich hätte ausruhen können. Nach einer Woche ließen sie die Taube wieder los und sie kam zurück, diesmal mit einem frischen Ölzweig im Schnabel. Sie machten die Luken auf und gingen hinaus. Die Elefanten versanken noch im Schlamm. Aber sie alle sahen eine neue Brücke zwischen Gott und den Menschen: den Regenbogen. Das sollte bedeuten: Nichts Schreckliches sollte mehr geschehen. Gott ist mit uns und für uns.

Turmbau zu Babel

Lange Zeit war vergangen; viele Menschen lebten auf der Erde. Da beschlossen sie eines Tages, Gott den Gehorsam aufzukündigen – ja, wenn möglich – Gott ganz abzuschaffen: „Wir wollen keinen über uns haben!", das war ihre Devise.

Einen großen Turm wollten sie bauen, der sollte bis zum Himmelszelt reichen; auf dem Turm wollten sie bis in den Himmel vordringen, um Gott daraus zu verjagen. Die Pläne waren fertig. „Wenn uns das gelingt, werden alle, die nach uns leben, uns für diese Tat bewundern!" So formten die Menschen Ziegel und bauten einen enorm hohen Turm: Noch nie hatte es auf der Erde ein solch gewaltiges Bauwerk gegeben. Doch sie mussten wachsam sein: Da sie Gott den Gehorsam aufgekündigt hatten, bestand die Gefahr, dass andere sich als Gott aufspielten. Das durfte nicht sein!

Misstrauisch begannen sie, sich gegenseitig zu beobachten: „Dort! Bauen die nicht schneller als wir? Wollen die vielleicht vor uns im Himmel sein? Was haben die vor? Arbeitet sorgfältiger und nicht so schnell!" – „Was habt ihr uns zu sagen!", trumpften die anderen auf: „Ihr seid nicht mehr als wir!"

Ja, Misstrauen breitete sich unter den Menschen aus, seit sie Gott abgeschworen hatten. Jeder wollte das Sagen haben; keiner wollte sich etwas sagen lassen. Und einen Schiedsrichter, der ihre strittigen Fragen gelöst hätte, den hatten sie, seit sie sich von Gott losgesagt hatten, nun auch nicht mehr.

Und so haben sich die Menschen hoffnungslos zerstritten. Eine Verständigung unter ihnen gab es nicht mehr. Jeder wollte der Oberste sein; jeder begegnete dem anderen mit Misstrauen. Keiner wollte mehr auf den anderen hören und schon gar nicht Rücksicht nehmen. So ist das heute noch.

Und Gott? Er brauchte nicht mehr einzugreifen; es war schon alles gelaufen – falsch gelaufen. Der Turm wurde nie fertig. Er zerfiel wie der Hochmut der Menschen, die meinten, man könne sich von Gott lossagen und sich an seine Stelle setzen. Sie waren sehr verwirrt und spürten, dass etwas nicht mehr stimmte. Sie sahen, wie das Misstrauen das Zusammenleben der Menschen zerstörte. Schon damals wurde eine Sehnsucht geboren: Es müsste einer kommen, mit dem etwas Neues anfängt. Schon damals...

Jona auf der Flucht

Jona war stadtbekannt als „Obermeckerer." Er hatte an allem etwas auszusetzen. „Alles schlechte kommt aus Ninive", sagte er immer wieder. Die Mädchen hatten zu kurze Röcke, die Jungen zu lange Haare, schlechte Sitten überall. So meckerte er den ganzen Tag. „Geh doch sofort nach Ninive und lies den Leuten dort die Leviten, aber meckere uns nicht die Ohren voll", meinten einige. „Nein, auf keinen Fall, sollen sie doch sehen, wie sie fertig werden, oder sich selbst fertig machen. Ich habe mit denen nichts zu tun. Ich hau ab", antwortete er erbost und kaufte sich eine Schiffskarte in die entgegengesetzte Richtung. Das Schiff legte ab und Jona legte sich unten ins Schiff, schloss seine Augen und schlief ein. Aber auch die Sonne verschloss ihre Strahlen und verdunkelte sich.

Ein Sturm brauch los und die Mannschaft kämpfte mit Wind und Wellen und ihrer Todesangst. Sie warfen alle Ladung über Bord. Nichts half. Das Schiff war zu schwer, zu viele Menschen waren an Bord. Es wurde gewürfelt und das Los traf Jona. Im hohen Bogen flog er über Bord. „Geschieht mir recht", dachte er sich, „jetzt hat mich Gott gestraft." Er sank ins Meer, tiefer und immer tiefer ins Meeresschweigen hinein. Da kam ein furchtbar großer und riesiger Fisch. Ein Wal.

Er schnappte den Jona und verschluckte ihn. Jona saß in dem Fisch, wie damals Noah in der Arche. Und Jona betete zu Gott um Errettung und tat Buße: „Alles falsch, was ich tat und dachte. Meine ganze Richtung ist verkehrt. Wenn ich jemals hier herauskomme, dann ist es Gott gewesen... ."

Nach drei Tagen spuckte der Fisch Jona an Land. Das war seine Auferstehung nach drei Tagen. Jona wanderte nach Ninive und las den Einwohnern die Leviten. Er sagte ihnen die Meinung. Er hielt eine prophetische Gottespredigt, und die Menschen gingen in Sack und Asche. Auch der König. Am Ende war Jona doch tief enttäuscht, dass Gottes Strafe mit Feuer und Beben, mit Blitz und

Donner nicht eintraf. „Oh Jona", sagte Gott zu ihm „was muss eigentlich noch geschehen, damit du die Menschen liebst? Ich muss einen anderen senden, der meine Liebe weitergibt. Eines Tages wird es soweit sein...."

Daniel in der Löwengrube

Daniel erkannte nichts an, außer seinen Gott. Er hatte keine Angst vor Menschen, vor König und Kaiser, nur Furcht vor Gott hatte er. So betete er jeden Morgen auf dem Dach seines Hauses. Das war verdächtig. Das musste bestraft werden, wenn man Verbindung aufnahm zu anderen Kräften und nicht den König anbetete. „Wir machen ein Gesetz", sagten die Berater des Königs, „das beten unter Todesstrafe stellt. Beten ist gefährlich. Deine Autorität, lieber König, ist in Gefahr."

So wurde das Gesetz gegen Daniel verabschiedet. Und Daniel flog auf. Er wurde beim Beten erwischt und flog in die Löwengrube. Dort saßen die Löwen und hatten einen mordsmäßigen Hunger. Daniel begrüßte sie ohne einen Funken Angst. Das imponierte den Löwen. Sie unterhielten sich ausgezeichnet über die Menschen und stellten fest, dass die Menschen manchmal viel schlimmer waren als die reißenden Löwen.

Aber die Löwen hatten Hunger. Sie hatten schon drei Tage nichts mehr zu essen bekommen. Ihnen knurrte der Magen. „Wir wissen nicht, wie lange wir es noch aushalten, Daniel. Du musst Verständnis für uns haben."

Daniel hatte viel Verständnis für sie und redete ihnen gut zu, sich zusammenzureißen. Ungefähr 150 Kilometer fernab auf einem Feld saß ein Prophet, der Habakuk. Der rührte gerade in der Suppe für seine Mitarbeiter. Zu ihm kam ein Engel, ein Gottesbote, und erzählte ihm von Daniel und von den Löwen, die einen Mordshunger hatten. „Wie, wo, was?", fragte der Habakuk und wollte lange diskutieren. Dem Engel aber brannte die Zeit unter den Nägeln und so nahm er kurz entschlossen den Habakuk mit dem Suppentopf und schwuppdiwupp ging es durch die Luft in die Löwengrube. Den Suppenlöffel hielt er in der anderen Hand.

Die Löwen aßen die Suppe, sprachen zusammen ein Dankgebet und schwuppdiwupp flog der Habakuk wieder mit dem Engel durch die Luft zurück auf sein Feld: mit Löffel und mit Suppentopf – ohne Suppe. Die Mitarbeiter wunderten sich sehr:

„Was alles so aus dem Himmel angeflogen kommt...!" Am nächsten Tag wollte der König die Reste von Daniel aufsuchen. Vorsichtig sah er in seine Mördergrube. Aber da saß Daniel in der Löwengrube und spielte mit den Löwen „Mensch ärgere dich nicht."

„Sofort herausholen!", schrie der König, „und meine falschen Berater, diese falschen Fünfziger, sollen hineingeworfen werden." Und die Löwen fraßen sie mit Haut und Haaren. Ein Stück Ungerechtigkeit wurde aus der Welt geschafft. Daniel lebte noch lange. Er wurde der beste Vertraute des Königs; denn der König vertraute Gott, dem Gott Daniels. Der König schrieb seinem Volk: „Dieser Gott soll der Höchste sein."

Aus dem Neuen Testament

Jesusgeschichten

Die Sache mit dem Engel

Die neue Geschichte zwischen Gott und den Menschen begann mit Maria und Josef. Maria war noch sehr jung und auch sehr schön. Josef konnte das nur bestätigen. Beide wohnten sie in Nazareth, einer Stadt in Galiläa; Galiläa liegt in Israel. Maria und Josef hatten sich schon ihr „Ja"-Wort gegeben. „Wir wollen füreinander da sein und zueinander halten", das versprachen sie sich. In dieser Zeit hatte Maria ein wunderbares Erlebnis. Einer, den sie nie vorher gesehen hatte, sprach sie an: „Gott ist mit dir. Shalom, sein Friede und seine Gnade behüten dich." – „Ein Bote Gottes", fährt es ihr durch die Glieder.

„Du brauchst dich nicht zu fürchten. Du wirst einen Sohn bekommen. Mit dem fängt etwas ganz Neues an. Er wird König sein wie David über das ganze Volk und sein Reich wird über alle Grenzen und Zeiten hinaus reichen. Du wirst Gott im Leib haben." Maria wurde sehr nachdenklich: „Wie soll das geschehen? Ich war mit Josef noch nie zusammen. Wir können doch gar kein Kind bekommen." Der Bote Gottes aber entgegnete ihr:

„Gottes Geist bekommt Hand und Fuß und einen Körper, eine Seele, die ganz von Gott erfüllt ist. Es wird ein Wunder – und es ist wunderbar. Der Sohn, den du gebären wirst, gehört ganz und gar Gott. Die Menschen, die ihm begegnen, werden sich sehr wundern. Bei Gott ist nichts unmöglich. Elisabeth, deine Verwandte, sie war unfruchtbar; und nun ist sie schon im sechsten Monat." Und Maria antwortete dem Engel:

„Ich gehöre zu Gott. Ihm vertraue ich mit Leib und Seele. Es soll mit mir und in mir geschehen, wie du gesagt hast." Der Bote Gottes, sein Engel, entfernte sich von ihr. Maria aber floh ins Gebirge Juda zu Elisabeth. „Sie wird mich verstehen, wenn auch sie der Engel besucht hat", dachte sie und lief ihr direkt in die Arme. Das Kind hüpfte vor Freude in ihrem Leib: „Du kleine Frau – du bist die Größte unter allen Mädchen im Land. Du hast Gott in dir; das spüre ich und mein Kind in mir spürt es auch. Gott wohnt in dir. Gott sei Dank", so wurde Maria von Elisabeth begrüßt. Maria begann zu singen:

„Meine Seele ist erfüllt von Gott,
mein Geist jubelt;
denn nun wird alles heil.
Gott, der Größte,
ist heruntergekommen zu mir,
dem kleinen Mädchen.
Ich bekomme das Kind,
mit dem das NEUE beginnt,
und alle Kinder, die in Zukunft geboren werden,
preisen mich selig.
Seine Barmherzigkeit verbindet die Menschen
und seine Güte reicht, so weit der Himmel ist.
Seine Liebe behütet alle, die sich zu ihm halten.
Er greift durch mit starker Hand
und zerstreut die, die meinen, sie sind die Größten
und können tun und lassen, was sie wollen.
Er stürzt die Mächtigen vom Thron und
wirft sie aus ihren Regierungssesseln und Ämtern.
Er gibt den Unterdrückten ihre Menschenwürde zurück
und die Hungrigen haben endlich genug zu essen.
Er hilft den Geknechteten wieder auf und
erinnert sich der alten Verheißungen,
die schon Abraham und die Propheten erhalten haben:
Ich segne dich – und du sollst ein Segen sein für alle Völker."

Maria und Elisabeth verstanden sich sehr gut.
Sie wurden zu Seelenverwandten.

Die Weihnachtsgeschichte

Die Zeiten waren schlecht. Der Kaiser Augustus herrschte über ein riesiges Weltreich, auch über Israel. Er brauchte Geld und Soldaten. In dieser Zeit erließ er ein neues Steuergebot: Jeder musste sich in Steuer-Einschätzungs-Listen eintragen, jeder am Ort seiner Väter, dort wo er das Licht der Welt erblickte. Jeder musste das tun, was der Kaiser verlangte. So machten sich auch auf Josef und Maria. Sie wohnten in Nazareth und mussten nach Bethlehem; denn Josef stammte aus dem Geschlecht Davids – und der war in Bethlehem geboren. Sie waren König Davids Verwandte.

Sie machten sich auf den langen Weg. Maria war im neunten Monat schwanger. Als sie die „Davids-Stadt" Bethlehem erreichten, war es höchste Zeit für die Geburt Jesu. Gottes Sohn sollte geboren werden, aber es gab keinen Platz für ihn. Alle Gasthäuser waren schon belegt, bis unters Dach. Am Ende fanden sie endlich eine Scheune.

Dort gebar Maria ihren Sohn und wickelte ihn in Windeln und legte ihn in eine Futterkrippe. Draußen vor den Toren der Stadt wachten Hirten bei ihren Herden. Denen öffnete sich der Himmel. Es war großartig; aber sie fürchteten sich sehr. Der Engel Gottes nahm ihnen die Furcht aus ihren Herzen: „Fürchtet euch nicht! Denn seht ich verkündige euch die große Freude, die das ganze Volk ergreifen wird. Heute ist der Heiland geboren, der Retter, auf den Jung und Alt schon so lange warten. Alles wird gut: Christus ist der Herr über alle Herren; den werdet ihr in der Davids-Stadt finden, in einer Krippe, in Windeln auf Heu und auf Stroh."

Und plötzlich kamen unzählige Engel, die himmlischen Heerscharen, Wesen aus Licht und Sternenstaub, die sangen den Hirten die frohe Botschaft: „Ehre sei Gott in der Höhe und Frieden auf Erden allen Menschen, die von Gottes Geist erfüllt leben."

Als die Engel wieder in die himmlischen Weiten fuhren, zogen die Hirten nach Bethlehem, um die Geschichte zu sehen, die ihnen der Himmel verkündet hatte. Sie liefen und rannten und fanden Maria und Josef und das Kind. Wie der Engel zu ihnen gesagt hatte. Sie erzählten allen Menschen, was ihnen der Himmel über den neuen König verkündet hatte. Und alle, die es hörten, staunten über die großen Worte dieser einfachen Hirten. Maria aber erlebte alles, was geschah, mit Leib und Seele und bewegte es in ihrem Herzen. Die Hirten aber gingen zurück zu ihren Herden. Sie priesen und lobten Gott für alles, was sie in dieser Nacht gehört und gesehen hatten. Diese Nacht war wunderbar.

Die Weisen aus dem Morgenland

Als Jesus in Bethlehem geboren war, kamen von fern aus dem Osten Weise, die konnten an den Sternen ablesen, was auf der Welt geschah. Sie folgten einem leuchtenden Stern, der sie nach Israel führte. Sie deuteten die Himmelserscheinung so: „Ein neuer König ist geboren, Christus, der Retter, der wichtig wird für die ganze Welt." Sie wussten aber nicht, wo er zu finden ist.

So gingen sie ins Königshaus zu Herodes, dem König Israels in Jerusalem – ein König von Kaiser Augustus' Gnaden. Herodes fragten sie: „Wo ist der neue König? Wir haben einen Stern gesehen, sind ihm gefolgt. Nun wollen wir den neuen König anbeten und ihm unsere Ehre erweisen. Er hat eine weltweite Bedeutung. Sonst hätten wir seine Größe nicht am Himmel ablesen können." Als die Weisen so geredet hatten, erschrak Herodes sehr und mit ihm alle Minister.

Der ganze Hofstaat zitterte. Herodes trommelte alle Schriftgelehrten und den Hohenpriester zusammen und fragte sie, wo der Christus, der Retter und Erlöser für alle Welt, geboren sein könnte. „Das kann nur in Bethlehem in Judäa sein, so steht es in unserer Bibel beim Propheten Micha. ‚Die kleinste Stadt soll die weltbedeutenste werden. Aus ihr soll der Fürst der Welt hervorgehen, der Erlöser für Israel'." Die Weisen nahm Herodes heimlich beiseite und fragte sie aus: „Wann habt ihr den Stern gesehen? Was hat er für eine Bedeutung? Werdet ihr den Christus finden?" Er schickte sie nach Bethlehem.

„Und kommt auf jeden Fall wieder hierher und berichtet mir, damit ich den Erlöser auch anbeten kann." Und seht, der Stern, den sie im Osten gesehen hatten, zog vor ihnen her bis zum Scheunen-Stall. Sie freuten sich sehr; denn jetzt waren sie am Ziel. Sie gingen in den Stall und fanden Maria mit dem Kind und Josef. Sie knieten nieder und beteten den neuen König an.

Sie schenkten ihm Gold, Weihrauch und Myrre. Den Weisen erschien Gott ihm Traum: „Geht nicht wieder zu Herodes zurück. Auf keinen Fall!" Am nächsten Morgen verabschiedeten sie sich von Maria, dem Kind und von Josef. Auf Umwegen machten sie sich auf die Heimreise zurück in ihr Land.

Flucht und Kindermord

Als die Weisen fortgezogen waren, erschien dem Josef ein Engel im Traum: „Steh auf, nimm das Kind und seine Mutter und flieh nach Ägypten; denn Herodes hat vor, das Kind umzubringen. Bleibe dort, bis ich dir sage." Noch in dieser Nacht nahm er das Kind und seine Mutter und sie flohen nach Ägypten.

Herodes aber tobte vor Wut, als er merkte, dass die Weisen nicht zurückgekommen waren. Er schickte seine Kundschafter aus, um sie zu finden. Hatte er erst die Weisen, dann würde es ein Kinderspiel sein, über sie diesen Christus, den Retter, das Kind, zu finden. Aussichtslos, alle Spuren verliefen sich im Sand, als wenn diese Weisen sich in Luft aufgelöst hätten. Herodes stellte die Suche ein. Er konnte nicht mehr länger warten, er musste jetzt handeln. Er beorderte seinen Oberbefehlshaber in den Palast: „Ich erteile den Befehl, dass alle erstgeborenen Jungen in Bethlehem und in der Umgebung bis zum Alter von zwei Jahren sofort zu töten sind." Dieser Befehl wurde ausgeführt. Herodes ging im wahrsten Sinne des Wortes über Leichen, nur um seine Herrschaft zu retten.

Das Geschrei und das Wehklagen stieg zum Himmel. Die vielen geweinten Tränen fielen zur Erde und niemand konnte die Menschen trösten in ihrer unendlichen Trauer.

Als aber der mordende Herodes gestorben war, erschien Josef wieder der Engel Gottes im Traum: „Steh auf und kehre zurück in das Land deiner Väter. Der Kindermörder Herodes ist gestorben. Nimm das Kind und seine Mutter und geh." So zogen sie zurück von Ägypten nach Israel.

Als Josef dort aber erfuhr, dass der Sohn des Herodes König geworden war, zog er nicht nach Bethlehem, sondern nach Nazareth. Auch diese Weisung hatte er im Traum erhalten. Gut, dass es Engel gibt und Menschen, die sich nach ihnen richten – besonders den Josef, den Beschützer von Maria und Jesus.

Jesus wird getauft

Fast dreißig Jahre waren vergangen. Aber die Zeiten hatten sich nicht gebessert. Der Kaiser in Rom hieß nun Tiberius und sein mächtiger Statthalter in Jerusalem das war Pontius Pilatus. Überall herrschten die Römer über die Israeliten. Jeder Jude sehnte sich nach einem neuen Himmel und einer neuen Erde. In dieser Zeit traf das Wort Gottes den Johannes, den Sohn der Elisabeth und des Priesters Zacharias. Johannes lebte in der Wüste. Jetzt aber zog er zum Jordan und fing an zu predigen. Er predigte am Jordan-Fluß die Umkehr zur Buße, die Vergebung der Sünden und er taufte die Menschen. Immer wieder fragten ihn die Leute: „Was können wir tun? Wie können wir anders leben?" Und Johannes antwortete ihnen direkt auf den Kopf zu: „Ihr seid alle Erben des Sündenfalls, wie könnt ihr dem Zorn Gottes ausweichen? Verlasst euch nicht auf euren Glauben, wenn eure Herzen härter als die Steine sind, die hier herumliegen. Jeder Baum, der keine Frucht bringt, wird umgehauen und ins Feuer geworfen. Aus – Schluss – vorbei. Amen."

Die Menschen am Jordan waren tief erschüttert: „Um Gottes Willen, was können wir tun?" Und er antwortete: „Wer zwei Hemden hat, gebe dem, der nichts hat. Wer zu essen hat, teile es mit dem, der hungert. Wer teilt, der wird leben." Die Zöllner kamen und die Soldaten, denn seine harten Worte hatten sich herumgesprochen. Alle fragten ihn: „Was können wir tun?" „Seid gerecht, erpresst niemanden, lebt ohne Gewalt." Sie dachten: „Das ist der Christus, auf den wir schon lange warten." „Nein", sagte er ihnen. „Ich taufe euch mit Wasser. Es kommt aber einer, der ist stärker und größer als ich. Ich bin dagegen nicht wert, ihm die Schuhriemen zuzubinden. Er wird euch mit dem Heiligen Geist taufen und ihr werdet Feuer und Flamme sein. Die Spreu wird aber vom Weizen getrennt und verbrennen." Er nahm kein Blatt vor den Mund und griff sogar Herodes an, der mit der Frau seines Halbbruders ein Verhältnis hatte und berüchtigt war wegen seiner Bosheit.

Der aber beging noch ein weiteres Unrecht: Er warf den mutigen Johannes später ins Gefängnis. Als Johannes aber noch taufte und viele Menschen zu ihm strömten, kam auch Jesus, um sich taufen zu lassen. Als er betete, öffnete sich der Himmel, wie damals vor dreißig Jahren den Hirten auf dem Feld, und der Heilige Geist erfüllte seine Seele. Als sichtbares Zeichen flog eine Taube herab, die schon immer als Zeichen für Hoffnung und Frieden galt.

Aus dem Himmel kam eine Stimme: „Du bist mein lieber Sohn, du gehörst zu mir." Gott hatte sich zu Jesus bekannt. Ein für allemal.

Die Versuchung in der Wüste

Bevor Jesus zu den Menschen ging, wanderte er durch die Wüste. 40 Tage blieb er dort – wie vor vielen Jahren die Israeliten durch die Wüste zogen, nur waren es damals 40 Jahre. Er wollte alleine sein und nachdenken. Die Menschen sehnten sich nach einem König, der sollte gut zu ihnen sein und gerecht und das Heil bringen. Etwas Neues musste beginnen, das wussten alle, auch Jesus. Auch der Teufel wusste es:

„Wenn du Gottes Sohn bist, dann verwandle diese Steine hier in der Wüste, vor meinen Augen, zu Brot. Du wirst satt – und alle anderen Hungrigen auch. Du bist der Erlöser vom Hunger. Du bist der Größte!“„Nein“, entgegnete Jesus dem Versucher, „ich will nicht der größte sein; denn dann gehöre ich nicht mehr zu den kleinen Leuten – und außerdem steht in der Bibel ‚Der Mensch lebt nicht vom Brot allein‘. Du weißt das nur zu gut; denn du kennst die Bibel besser als alle anderen.“ Der Teufel aber ließ nicht locker. Auf einem hohen Berg zeigte er Jesus die Reiche dieser Welt. „Ich lege dir alles zu Füßen“, sagte er, „wenn du vor mir auf die Knie gehst. Du wirst der Mächtigste sein, wenn du mich anbetest.“

„Nein, Nein! Ich will nicht, dass die Menschen an mich glauben, weil ich groß und mächtig bin. Ich will sein wie sie und sie sollen allein Gott anbeten und ihm dienen. So steht es in meiner Bibel, die auch die Bibel meiner Väter ist. Du weißt es!“

„Gut“, sagte der Teufel, „in der Bibel steht: Er wird seinen Engeln befehlen, sie sollen dich behüten. Und sie werden dich auf ihren Händen tragen, damit dein Fuß an keinen Stein stößt. Komm mit nach Jerusalem und lass dich von der Zinne des Tempels fallen. Wenn du Gottes Sohn bist, dann werden die Engel dich auffangen – so wie es geschrieben steht.“

„Nein, nein und nochmals nein! Ich will kein Zauberer sein, der den Menschen etwas vormacht. Anders als du denkst wird Gott mich tragen. Es ist doch gesagt: ‚Du sollst deinen Gott nicht versuchen!' Ich will zu den Menschen gehen; denn ich gehöre zu ihnen, wie ich zu Gott gehöre." Der Teufel, dieser Ungeist, verließ Jesus nach diesen Versuchungen für einige Zeit, aber nur für einige Zeit.

Menschenfischer

Jesus kehrte zurück in seine Heimatstadt Nazareth. Er predigte in der Synagoge von dem Neuen, das mit ihm beginnt. Die Menschen waren begeistert. Sie wollten von ihm ein Wunder nach dem anderen. Jesus sagte aber wie in der Wüste: „Nein! Ich will nicht! Der einzelne Mensch ist wichtig, nicht die Menge." Als sie das hörten, warfen sie ihn aus der Synagoge, trieben ihn aus der Stadt, und einige wollten ihn sogar töten. Er aber flüchtete nach Kapernaum. Dort erkannten die Menschen:

„Er ist Christus, der Sohn Gottes. Er macht uns heil an Leib und Seele." Er sollte für immer bei ihnen bleiben. „Nein", sagte Jesus, „ich muss weiterziehen. Viele Städte sollen das Evangelium hören. Ich kann nicht bleiben." Sie wollten ihn festhalten. Er aber zog weiter. Das Volk suchte ihn überall. Viele hatten von Jesus gehört. Am See Genezareth trafen sie sich. Jesus und die Menschen. Aber wieder ging er auf einen einzelnen zu:

„Simon, du hast ein Boot. Fahr mich ein Stück hinaus, damit ich den Menschen predigen kann." Und Simon tat es sofort. Kein Problem. Jesus predigte dem Volk vom Boot aus. Alle konnten es gut hören und verstehen. Seine Worte trafen die Menschen ins Herz und erfüllten ihre Seelen. Als er seine Rede beendet hatte, fragte er Simon: „Hast du heute schon etwas gefangen?" Denn Simon war Fischer. „Nichts", antwortete er, „aber auch gar nichts. Die ganze Nacht haben wir gefischt. Umsonst haben wir gearbeitet." „Fahr hinaus. Wo es am Tiefsten ist, dort wirf die Netze aus", sagte ihm Jesus. Erst wollte Simon noch mit Jesus diskutieren, denn immerhin war er ja der Fischer und am hellichten Tag die Netze auswerfen? Aber: „Wenn du meinst. Auf dein Wort hin will ich die Netze noch einmal auswerfen", antwortete Simon und fuhr los. Nach einer Weile wollten sie die Netze wieder einholen. Doch sie schafften es nicht. Die Netze waren so voll, dass sie noch ein zweites Boot füllen konnten, und beide waren so schwer beladen, dass sie fast zu sinken drohten. Als sie zum Ufer kamen, sank Simon auf die Knie. „Jesus", sagte er, „dein Wort ist stärker als alles, was ich bis jetzt erfahren habe. Dagegen bin ich nichts, klein und sündig bin ich." Er zitterte am ganzen Körper, und mit ihm seine Freunde Jakobus und Johannes. „Du wirst noch viel mehr fangen, als du dir jetzt träumen lässt. Aber es werden keine kleinen Fische mehr sein. Du wirst von jetzt an Menschen fangen. Menschen, die am Ende sind, die an nichts mehr glauben. Sie kannst du mit neuem Vertrauen auffangen. Du kannst sie trösten." Sie verteilten die Fische unter die Menge, ließen alles stehen und liegen und gingen mit Jesus. Simon, seine Brüder und seine Freunde. So wurden sie zu Menschen-Fischern: Jesus und alle, die mit ihm waren.

Steh auf und geh

Es war ein Tag wie viele. Jesus war mit seinen Freunden im Haus eines Freundes eingekehrt und das hatte sich herumgesprochen. Pharisäer und Schriftgelehrte waren da, aber auch Menschen wie du und ich. Das ganze Haus war rappelvoll. Alle wollten sie Jesus predigen hören. Die Gelehrten saßen mit offenen Ohren da und lauerten darauf, dass sie Jesus etwas ans Zeug flicken konnten. Es passte ihnen nicht in den Kram, dass dieser Mann immer mehr Anhänger fand. Im Haus gab es nicht einen Stehplatz mehr. Die

Menschen standen vor der Tür, im Garten und auf der Straße. Einige Männer kamen mit einem Kranken. Er lag auf seinem Bett und sie trugen ihn. Vier Männer, an jeder Ecke des Bettes einer. „Lasst uns durch", riefen sie. „Wir wollen zu Jesus, denn nur er kann unseren Freund gesund machen." Aber an ein Durchkommen war nicht zu denken.

„Macht uns Platz, gebt uns den Weg frei. Dieser Mann liegt seit seiner Geburt im Bett, er hat die Gicht, er kann nicht laufen. Wisst ihr, was das für ein Leben ist?" Aber sie kamen nicht weiter. Sie gingen auf die Rückseite des Hauses. Stiegen auf das Dach. Deckten das Dach ab, soviel Platz, dass sie das Bett an Seilen herunterlassen konnten. Sie hoben das Bett mit dem kranken Freund auf das Dach und ließen das Bett an Seilen in den Raum hinunter, in dem Jesus zu den Menschen sprach, sozusagen genau vor Jesu Füße.

Alle in dem Raum guckten nach oben. Jesus unterbrach seine Rede mitten im Satz, sah den Kranken an und sprach zu ihm: „Mensch, deine Sünden sind dir vergeben, dein Glaube und der Glauben deiner Freunde hat dir geholfen." Das war Wasser auf die Mühlen der Pharisäer und Schriftgelehrten: „Da haben wir es, was bildet der sich ein, Sünden vergeben kann nur Gott." Jesus fühlte was sie dachten:

„Was ist los in euren Herzen? Sagt mir, was leichter ist, einem Menschen die Sünden zu vergeben oder diesem lahmen Mann zu sagen: Steh auf und geh?" Damit ihr aber wisst, dass Gottes Sohn die Vollmacht hat, die Sünden auf Erden zu vergeben, hier und heute, jetzt und sofort und nicht erst in der Ewigkeit, sage ich zu diesem Mann:

„Steh auf, nimm dein Bett und geh nach Hause." Der Mann stand auf, nahm sein Bett, bahnte sich einen Weg durch die erstaunte Menge, lobte und pries Gott in den höchsten Tönen und ging mit seinen vier Freunden heim. Alle aber, die dabei gewesen waren, sprachen untereinander: „Das war ein seltsames Ding, wir haben ein Wunder gesehen."

Die frohe Botschaft

Aus den vielen Jüngerinnen und Jüngern, die ihm folgten, wählte er zwölf aus. Mit diesen Zwölfen zog er zu einem großen Feld. Alle, die er angerührt hatte an Leib und Seele und die er geheilt hatte, alle folgten ihnen. Er sah sie an, die Mühseligen und die Beladenen, die Traurigen und die Elenden und sprach zu ihnen: „Selig seid ihr Armen; ihr kleinen Leute gehört zu Gott und seinem Reich. Selig seid ihr Hungrigen; euer Elend soll ein Ende haben; ihr sollt satt werden. Selig seid ihr Weinenden, eure Tränen werden verwandelt in Freude und ihr werdet tanzen und lachen. Selig seid ihr Mutigen, wenn euch die Menschen belächeln und beschimpfen, beleidigen und bedrohen, auch wenn sie euch verstoßen und euren Namen in den Schmutz treten – und das alles um meinetwillen.

Freut euch aus eures Herzens Grunde; denn seht: Ihr habt einen Schatz im Himmel. Den kann euch niemand nehmen. Ihr seid bei Gott wertvoller als die größten Edelsteine. Euch geht es genau wie den Propheten. Die haben es auch sehr schwer gehabt." Er machte eine Pause und dann verfinsterte sich sein Blick: „Wehe euch Reichen! Für euch gibt es keinen Trost. Eure Eigensucht hat euch schon genug getröstet. Wehe euch! Jetzt seid ihr satt auf Kosten der Armen. Ihr werdet spüren: Hunger tut weh – eine ganze Ewigkeit werdet ihr hungern. Wehe euch! Jetzt lacht ihr über den neuen Geist, der in die Welt einzieht. Ihr werdet nichts mehr zu lachen haben. Ihr werdet über euch nur noch weinen und klagen können. Wehe euch! Jetzt reden euch die Menschen nach dem Munde, wie sie es schon immer machten. Alles falsche Propheten, alles Gesindel! Es ist nicht reif für das Himmelreich!"

Er sah sie wieder an, die er selig gesprochen hatte: „Ihr, die ihr ein offenes Ohr habt für meine Worte, euch sage ich: Liebt eure Feinde; entrümpelt eure Herzen und werft eure Feindbilder auf den Müll. Die euch hassen, die überhäuft mit guten Taten. Segnet, die euch fluchen; denn Segen hilft – Fluch aber zerstört eure Seele. Bittet für die, die euch misshandeln; denn wer schlägt, ist der Schwache, auch wenn er den Starken spielt.

Denn wenn Schlag auf Schlag folgt, kann kein Friede werden. Und wenn dir einer deinen Mantel nimmt, gib ihm auch noch dein Hemd. Wenn dich einer bittet, dem gib, was du hast. Und wie ihr wollt, dass euch die Leute behandeln, so fangt ihr damit an. Wenn alle so handeln, dann lebt ihr miteinander in Frieden." Und alle wussten: Jesus lebt auf der Seite der Armen.

Der Hauptmann von Kapernaum

Jesus war mit seinen Freunden unterwegs nach Kapernaum. Kurz vor der Stadt kamen ihm Menschen entgegen. Es waren Älteste der Gemeinde. Sie blieben stehen und sprachen ihn an: „Jesus, in Kapernaum gibt es einen Hauptmann, ja einen, der für die Besatzungsmacht arbeitet. Er hat einen Knecht, der ist todkrank, niemand kann ihm mehr helfen. Er wird sterben müssen, wenn du ihm nicht hilfst. Und der Hauptmann ist ein Guter. Er hat viel für die Menschen in Kapernaum getan, er steht auf der Seite der Menschen und nicht auf der Seite der Herrscher. Er hat uns sogar die Synagoge gebaut. Wir bitten dich, hilf ihm und rette seinem Knecht das Leben."

Soviel Einsatz hatte Jesus noch nicht erlebt von den Ältesten, den Schriftgelehrten. Er ging mit ihnen mit. Sie kamen in Kapernaum an, es war nicht mehr weit bis zum Haus des Hauptmanns. Dieser aber sah die Menschen kommen und schickte ihnen Freunde entgegen. Jesus, wir sind Freunde des Hauptmanns von Kapernaum und er lässt dir sagen: „Herr ich bin es nicht wert, dass du deinen Fuß über die Schwelle meines Hauses setzt, dass du unter mein Dach kommst. Ich bin es nicht wert, dass du mit mir sprichst,

Geo
2002

darum komme ich auch nicht selber zu dir, sondern schicke dir meine Freunde. Sprich nur ein Wort, und mein Knecht wird gesund. Ich weiß wovon ich rede.

Ich habe Soldaten unter meinem Kommando und wenn ich zu einem sage: ‚Geh', dann geht er los. Und wenn ich zu einem anderen sage: ‚Komm', dann kommt er her, und sage ich zu einem Knecht: ‚Tu dies', so macht er es sofort."

Jesus war erstaunt und wunderte sich. Er sprach zu allen, die bei ihm waren, zu seinen Jüngern, zu den Ältesten und zu den Freunden des Hauptmanns von Kapernaum: „Wahrlich ich sage euch, so einen Glauben habe ich ihm ganzen Land noch nicht gefunden."

Die Freunde und die Ältesten, die Jesus um Hilfe gebeten hatten, gingen in das Haus des Hauptmanns. Als sie dort ankamen, fanden sie den Knecht gesund und einen Hauptmann, der nicht wusste, wohin mit seiner Freude. Am Abend gab es ein Freudenfest zur Ehre Gottes.

Die Stillung des Sturms

Sie kamen an den See Genezareth. Jesus sagte zu seinen Freunden: „Lasst uns heute einen Ruhetag einlegen. Wir fragen die Fischer am See nach einem Boot und fahren einfach auf den See hinaus. Dort werden wir keine Menschen trafen. Einen Tag nur für uns." Sie fragten einen Fischer und er gab ihnen ihr Boot. Sie stiegen ein, stießen es vom Land ab und fuhren auf den See hinaus.

Jesus setzte sich ganz vorne in das Boot, es dauerte nur wenige Minuten und er schlief ein. Die Jünger wechselten sich ab beim Rudern und nutzten die Möglichkeit, in Ruhe einmal über das zu reden, was sie in den letzten Tagen mit Jesus erlebt hatten. Sie stellten fest, dass Jesus ein wunderbarer Mensch sei und dass sie sich alle sicher und geborgen fühlten, wenn er bei ihnen war. Sie ließen einfach die Seele baumeln.

Ein Wind kam auf, die Wellen wurden immer größer. Der Wind entwickelte, sich zu einem Sturm. Das Boot schaukelte auf den Wellen. Andreas sagte zu den anderen: „Jesus hat aber einen gesunden Schlaf. Wie der nur schlafen kann, wo das Schiff so schaukelt, als wenn es jeden Augenblick umkippen wolle." Petrus antwortete: „Lass ihn schlafen, wenn er bei uns ist, dann wird uns schon nichts passieren."

Aber der Sturm und die Wellen wurden immer heftiger. Sie mussten das Wasser schon aus dem Boot schaufeln. Das Boot tanzte auf den Wellen. Sie zitterten und hatten Angst um ihr Leben. Irgendwann wurde es auch Petrus zu viel, die Angst bekam Überhand, siegte über sein Vertrauen. Er krabbelte auf allen Vieren nach vorne. Sie hatten das Boot nicht mehr in der Gewalt. Der Sturm spielte mit dem Boot wie mit einem kleinen Blatt an einem großen Baum. Petrus rüttelte Jesus an der Schulter: „Jesus, Jesus, wach auf. Wir werden untergehen. Jesus, du musst etwas tun!"

Jesus stand auf, sah Petrus an, hob die Hände in den Himmel. Sturm und Wellen beruhigten sich. Es dauerte nicht lange und es war windstill und die Wasseroberfläche war spiegelglatt. Er sah seine Jünger an: „Wo ist euer Glaube geblieben?" Sie wunderten sich sehr und fragten sich gegenseitig: „Was ist das für ein Mensch? Sogar Wind und Wasser gehorchen ihm." Jesus legte sich wieder vorne ins Boot und sie erreichten sicher das andere Ufer.

Die Speisung der Fünftausend

Es war wie so oft. Jesus wollte einmal seine Ruhe haben. Er wollte mit seinen Freunden das Programm für die nächsten Tage besprechen. Sie hatten sich auf das platte Land zurückgezogen. Weit genug weg von der nächsten Stadt. Aber wie ein Lauffeuer hatte es sich herumgesprochen. Sie kamen in Scharen, hatten alles stehen und liegen lassen. Sie wollten ihn reden hören und sie wollten Wunder sehen.

Also predigte Jesus wieder, erzählte den Menschen vom Reich Gottes und wie sie miteinander auf der Erde umgehen sollen. Schnell verging der Tag und es wollte Abend werden. Petrus kam zu Jesus: „Wir müssen aufhören, die Menschen haben noch einen langen Weg vor sich. Sie müssen ja auch noch zu Abend essen." Jesus schaute Petrus an: „Gebt ihnen, was wir haben, wir teilen es mit den Menschen." Petrus blickte Jesus ungläubig an: „Jesus, wir haben selber noch fünf Brote und zwei Fische und hier sind gut und gerne fünftausend Menschen. Auch wenn wir jetzt losgehen und noch etwas einkaufen, wird es nicht reichen, und überhaupt, bis wir wieder hier sind, ist es mitten in der Nacht." Jesus ließ sich die fünf Brote und die zwei Fische bringen, segnete sie und sagte zu Petrus: „Die Menschen sollen sich in kleinen Gruppen zusammensetzen, nicht mehr als fünfzig in einer Gruppe, und sie sollen das teilen, was sie mitgebracht haben. Die etwas haben, sollen denen etwas abgeben, die nichts haben. Ihr werdet sehn. Traut den Menschen etwas zu und es wird gehen." So wurde es gemacht. Die Menschen setzten sich in Gruppen, nicht mehr als fünfzig, zusammen. Sie teilten das Wenige, was sie hatten. Alle waren mit dem Wenigen zufrieden, manche nahmen weniger als wenig. Sie merkten, man kommt auch mit wenig aus. Für viele eine neue Erfahrung. Menschen, die sich vorher nicht kannten, sich noch nie gesehen hatten, teilten das Wenige und alle wurden satt.

Bevor die Menschen sich auf den Heimweg machten, schickte Jesus seine Freunde durch die Reihen und ließ das einsammeln, was übrig war. Und am Ende waren zwölf Körbe voll.

Der barmherzige Samariter

Als Jesus durch die Lande zog, kam ein Schriftgelehrter, ein kluger Kopf, ein Theologe, und versuchte, ihn aufs Glatteis zu führen: „Sag mir Meister, was muss ich tun, damit ich das ewige Leben bekomme?" Jesus fragte zurück: „Was steht geschrieben, was hast du gelernt?" Er antwortete: „Du sollst Gott lieben von ganzem Herzen, von ganzer Seele, mit allen Kräften, mit Sinn und Verstand – und deinen Nächsten wie dich selbst."

„Genau", sagte Jesus, „tu das, und du wirst leben, nicht nur in der Ewigkeit." „Ja, aber", gab der Schriftgelehrte zu bedenken, „wer ist denn mein Nächster? Eine wahrhaftig schwere Frage. Lass uns darüber diskutieren... ." Jesus aber wollte nicht diskutieren. Er antwortete mit einem Gleichnis, das selbst ein Schriftgelehrter verstehen konnte:

„Es war ein Mensch, der kam von Jerusalem und ging hinab nach Jericho. Auf halbem Wege überfielen ihn die Räuber. Sie raubten ihn aus, und als er sich wehrte, schlugen sie ihn halbtot und ließen ihn einfach am Wege liegen. Sie selber flohen und brachten sich in Sicherheit. Da kam ein Priester. Wahrscheinlich wollte er zum Tempel nach Jerusalem. Er übersah den Zusammengeschlagenen und ging vorüber. Nach einiger Zeit kam ein Tempeldiener aus dem Stamm der Leviten. Er sah den Halbtoten am Wege liegen. ‚Ich darf mich nicht verunreinigen, wenn ich Gott im Tempel dienen will', dachte er und ging weiter.

Ein Samariter aber, ein nicht so rechtgläubiger, der auf der Durchreise war, der kam, sah den Geschundenen und er bekam Mitleid. Er kniete sich nieder, goss Öl und Wein auf seine Wunden, verband ihn so gut er es konnte, hob ihn auf ein Lasttier und brachte ihn in die nächste Herberge. Er pflegte ihn die ganze Nacht. Am nächsten Morgen verpflichtete er die Herbergseltern, für den Kranken zu sorgen und gab ihnen noch Pflegegeld im Voraus. ‚Gebt auf ihn acht', bat er, ‚wenn euch noch weitere Kosten entstehen, ich komme wieder vorbei, dann bezahle ich euch alles'."

Jesus fragte seinen klugen Zuhörer: „Wer von diesen Dreien ist wohl dem der Nächste gewesen, der unter die Räuber gefallen ist? Sei ehrlich! Was meinst du?" Kleinlaut antwortete er: „Der Barmherzige." Sonst sagte er nichts. Jesus entließ ihn mit dem Rat: „Geh hin und mach es genau so. Liebe deinen Bruder und deine Schwester; hüte sie wie deinen Augapfel."

Das verlorene Schaf

Wieder einmal kamen die Zöllner und Sünder zu Jesus. Sie wollten ihm zuhören wie an jedem Tag. Natürlich bekamen es die Schriftgelehrten mit und sie murrten laut: „Dieser Jesus, er muss sich auch immer mit den Sündern abgegeben, mit denen Gott nichts zu tun haben will." Jesus hörte ihr Gemurre und sagte zu ihnen: „Hört zu, ich sage euch wie Gott ist. Ein Bauer hatte einmal hundert Schafe. Er kannte sie alle. Eins war im so lieb wie das andere. Eines Morgens waren es nur noch 99.

Ein Schaf fehlte. Er zählte noch einmal und noch einmal. Es blieb dabei. Ein Schaf war verloren. ‚Kein Grund zur Aufregung', sagte ein Nachbar, ‚sicher wird heute Nacht ein junges Schaf geboren und dann sind es wieder hundert!' ‚Nein', sagte der Bauer ‚auch wenn es so ist, dann fehlt immer noch das eine!' ‚Mach dich nicht lächerlich Mann', sagte die Bäuerin, ‚ein Schaf ist ein Herdentier; ein Schaf, das sich von der Herde entfernt, ist meschugge. Eben ein dummes Schaf. Und es geschieht ihm ganz recht, wenn Wolf oder Löwe es reißen!'

‚Du hast recht', brummte der Bauer, „und doch fehlt es mir. Ja, es fehlt mir. Auch wenn es nicht besonders schön war und nicht besonders gehorsam. Seine Wolle – nein mit der war kein Staat zu machen. Und dennoch fehlt es mir! Ihr könnt sagen, was ihr wollt, ich werde dieses Schaf suchen gehen."

Und obwohl seine Frau ihn auslachte, obwohl der Nachbar sich an die Stirn tippte, machte sich der Bauer auf und suchte das Schaf. Ja, er suchte solange, bis er es gefunden hatte. Denn suchen musste er es alleine, auch wenn er vielleicht doch damit gerechnet hatte, dass die anderen ihn bei der Suche unterstützen würden. Aber die hatten ja laut und deutlich gesagt, was sie von seiner Suche dachten. Seine Freude war riesengroß, als er das Schaf zuerst nur hörte und dann hinter einem Felsen entdecken konnte. Er nahm es auf den Arm und trug es heim. Und dann machte er ein großes Fest mit seinen Nachbarn und mit seiner Frau und allen sagte er: ‚Ja, wir haben allen Grund, uns zu freuen: Mein Schaf ist wieder bei der Herde!' Sie feierten bis mitten in die Nacht. Und das Schaf war wirklich weder schön, noch gehorsam, noch klug! Und doch hatte es dem Bauern gefehlt." Jesus sah die Menschen an: „Das war die Geschichte vom verlorenen Schaf und merkt euch: So wie dieser Bauer ist Gott!"

Die Tochter des Jairus

Jesus redete mit den Leuten. Sie wollten genau wissen, was das Neue ist, das anbrechen sollte: eine neue Zeit, ein neues Leben, neue Gedanken? Was alles sollte neu werden? „Oh Gott!", unterbrach ein Gemeindevorsteher die Reden. Er warf sich vor Jesus nieder: „Meine Tochter ist gerade gestorben", klagte er, „aber wenn du kommst, deine Hand auf sie legst, dann wird sie wieder leben." Es wurde totenstill. Alle Augen blickten auf Jesus. „Ist das das Neue?", fragten sich einige. Jesus verstand, was sie dachten, und folgte mit seinen Jüngern dem traurigen Mann. Natürlich folgte ihm der Rest auf Schritt und Tritt.

Auch eine schwer kranke Frau. Die dachte: „Ich muss ihn nur berühren, dann werde ich wieder gesund." Sie berührte ihn und Jesus blieb stehen. „Du bist gesund", sagte er zu ihr, „du hast einen großen Glauben. Der hat dir geholfen." „Ist das das Neue?", fragten sich immer mehr Menschen, „berühren und glauben, und sonst nichts?" Als Jesus das Haus des Gemeindevorstehers betrat, waren die Klageweiber, die Totenpfeifer und die Trommler schon bei der Totenklage. Sie klagten so laut, dass niemand auch nur ein Wort verstehen konnte, und die Klagenden rannten von einem Raum in den anderen, so entsetzt waren alle.

„Geht hinaus!", sagte Jesus zu ihnen. „Alle! Geht hinaus. Das Mädchen ist nicht tot. Es schläft nur." Sofort schlug die Totenklage in schallendes Gelächter um. Sie lachten sich halb tot. „Das kann nicht das Neue sein“, dachten die Leute und lachten. Sie verlachten Jesus und einige lachten ihn richtig aus. Der aber trieb alles Volk aus dem Haus, alle aber auch wirklich alle. Dann ging er zu dem toten Mädchen, nahm sie bei der Hand: „Komm, steh auf!“, sagte er und das Mädchen stand auf.

„Das ist das Neue. Er weckt die Menschen auf!“ Diese Nachricht verbreitete sich in Windeseile durch das ganze Land. Viele schöpften Hoffnung für ihr schwieriges Leben, als diese Nachricht sie erreichte.

Der Junge aus Nain

Jesus und seine Freunde gelangten in einen kleinen Ort. Nain hieß er. Als sie in die Nähe des Stadttores kamen, trafen sie auf einen Trauerzug. Eine Witwe trug ihren einzigen Sohn zu Grabe. Und viele aus dem Ort trauerten mit. Ihnen allen tat die Frau in der Seele leid: „Erst hat sie ihren Mann verloren, jetzt auch noch ihren Sohn. Nun gehört sie endgültig zu den Armen.

Niemand ist mehr da, der für sie sorgt.“ Als Jesus die Frau hinter dem Sarg sah, zog sich sein Herz zusammen. „Weine nicht!“, tröstete er die Frau und hielt den Trauerzug an. Er berührte den Sarg und die Träger blieben vor Schreck und vor Ehrfurcht stehen. „Junge“, sprach er in den Sarg hinein, „ich sage dir: Steh auf! Die Trauer soll ein Ende haben.“

Der Junge schlug die Augen auf, bewegte Arme und Beine, stand auf und fing an zu reden: „Keine Trauer mehr und kein Tod. Niemand muss mehr weinen. Das Leben hat mich wieder!“ Und Jesus nahm ihn bei der Hand und gab ihn seiner Mutter zurück. „Hier ist dein Sohn. An dem sollst du deine Freude haben – und dich nicht mehr in der Trauer verlieren. Dein Sohn lebt!“ Die

Trauergemeinde, Jesu Freunde, das mitziehende Volk – sie alle ergriff Ehrfurcht und Freude und sie stimmten ein in das Lied:

„Danke, du großer Gott, aufgestanden gegen den Tod,
du bist zu uns gekommen und hast uns besucht.
Dein Wort macht uns lebendig, deine Kraft heilt unsere Wunden.
Tage und Stunden hälst du in deiner Hand.
Leben, Leben wird es geben,
Leben, Leben vor dem Tod."

So sangen sie. Und der Gesang erschallte durch ganz Judäa. Sie waren überzeugt: Jesus ist ein großer Prophet, der Bote Gottes. Und wieder einmal war es so, dass alles, was die Menschen hier gesehen und gehört hatten, sich wie ein Lauffeuer verbreitete. Überall wussten sie davon und der eine erzählte es dem anderen weiter. Alle Menschen warteten auf Jesus. Sie hofften, er würde auch bei ihnen vorbeikommen.

Der Streit mit den Klugen und Reichen

Jesu Worte drangen den Leuten nicht nur in die Ohren, sie fuhren ihnen auch in die Glieder. Man konnte nicht überhören, was er sagte: Die gute Nachricht von Gott, seinem Vater, rüttelte die Menschen auf.

Das verstand auch ein Pharisäer. Er lud Jesus zum Essen ein – eine freundschaftliche Geste des vornehmen „Oberen". Jesus nahm die Einladung an und setzte sich sofort zu Tisch. Der Pharisäer sah das und wunderte sich sehr. Er räusperte sich vornehm: „Möchtest du dich vor dem Essen nicht reinigen, die Hände waschen, wie es Sitte ist und Gesetz, Tradition und guter frommer Ritus?"

Geo
2002

Jesus war wütend: „Ihr Pharisäer! So seid ihr nun einmal. Ihr reinigt die Äußerlichkeiten, die Becher, die Schüsseln. Ihr wascht euch die Hände – nur fromme Gesten. Aber innerlich seid ihr schwarz wie die Nacht, voller Bosheit und Gier! Gebt doch alles den Armen, was ihr euch mit Habgier und List in euren glänzenden Gefäßen zusammengerafft habt. Weh euch, ihr Pharisäer! Was im Garten wächst, davon gebt ihr zehn Prozent den Armen – nach Vorschrift – und kein Gramm mehr.

Ihr lebt und gebt nach Vorschrift, an Gottes Liebe aber lebt ihr vorbei – hundertprozentig. Weh euch, ihr Pharisäer! Ihr sitzt gern oben an, damit euch jeder in den Synagogen sieht und auf dem Marktplatz grüßt. Alles nur Angabe und nichts dahinter. Weh euch, ihr Pharisäer! Ihr gleicht überwachsenen Gräbern. Die Leute laufen darüber und wissen nicht, dass es unter ihnen fault und stinkt." Einer der Schriftgelehrten war vor Wut rot geworden: „Was du über die Pharisäer sagst, das trifft uns auch!"

„Soll es auch!", sagte Jesus. „Weh euch, ihr Schriftgelehrten! Ihr belastet die Menschen mit immer neuen Vorschriften, die kann man weder alle behalten noch sie erfüllen. Damit macht ihr ihnen nur ein schlechtes Gewissen – und macht sie von euch abhängig. Und ihr selbst? Ihr krümmt keinen Finger, um die Gesetze zu erfüllen. Weh euch, ihr Schriftgelehrten! Ihr baut den großen Propheten riesige Grabmäler und verschweigt, dass eure Väter gerade diese Propheten getötet haben. Und das hat sich bis zum heutigen Tag nicht geändert. Für alles, was geschehen ist und geschehen wird, werdet ihr euren eigenen Kopf hinhalten müssen. Weh euch, ihr Schriftgelehrten!

Ihr habt den Schlüssel zur Weisheit. Aber ihr selber benutzt ihn nicht, ihr gebt ihn auch nicht denen, die ihn haben möchten. Ihr verschließt die Erkenntnis und versteckt den Schlüssel." Jesus stand auf und verließ das Haus. Viele aber hängten sich an seine Fersen und versuchten, ihm eine Falle nach der anderen zu stellen. Sie wollten ihn aufs Kreuz legen. Sie verfolgten ihn auf Schritt und Tritt.

Morde in Galiläa – Unglück in Siloah

Die Menschen waren außer sich: Pilatus hatte unter den Galiläern ein Blutbad angerichtet. Römische Soldaten brachten die Juden um. Warum? Niemand wusste es. Doch einige fanden eine Erklärung: „Das waren besonders sündige Menschen. Kein Wunder, jetzt hat sie die gerechte Strafe getroffen. Wir wussten es schon immer: Die Strafe folgt einem auf dem Fuß." Jesus hörte ihnen zu und schon traf eine weitere schlimme Nachricht ein, die die Gemüter erregte: „In Siloah brach ein Turm zusammen und begrub achtzehn Arbeiter unter den Trümmern. Alle tot", wusste einer zu berichten.

Wieder einer, ein besonders Frommer, wusste alles genau zu erklären: „Wahrscheinlich auch sehr üble Leute, diese Bauarbeiter, sonst wäre so etwas nicht passiert. Alles Ungläubige, die musste es ja treffen. Gott lässt sich nicht spotten. Wie oft habe ich es nicht schon gesagt: Ihr müsst fest glauben, dann wird alles gut.Nun haben wir das Ergebnis. Die Zeiten werden immer schlimmer und die Menschen immer gottloser." Viele gaben ihm recht, denn sie hatten sonst keine Erklärung. „Mit dem Turm hatte es so seine Bewandnis", wussten einige zu erzählen, „sie bauten und bauten, wie damals beim Turmbau zu Babel. Dann sollte wohl noch eine schöne Mauer als Verzierung oben aufgemauert werden. Dabei brach alles zusammen. Irgendetwas am Fundament schien nicht zu stimmen." „Ja", sagte Jesus, der bisher nur zugehört hatte, „auch eine Erklärung, aber nicht die Richtige.

Meint ihr wirklich, so würde Gott dazwischenschlagen? Meint ihr wirklich, Gott würde es gefallen, wenn Menschen getötet werden? Meint ihr, die Erschlagenen wären schuldiger als ihr, sündiger als die Vornehmsten in Jerusalem? Nein! Wenn ihr nicht Buße tut, wenn ihr euch gegenseitig das Leben zur Hölle macht, wenn eure Fundamente nicht stimmen, nur weil ihr sparen wollt, dann könnt ihr Gott nicht verantwortlich machen. Gott will, dass seine Engel

„Jesus hat uns geschickt. Bestätigt uns, dass wir gesund sind." Auf sein Wort hin sind sie losgegangen und auf dem Weg wurden sie gesund. Da liefen neun von ihnen so schnell sie konnten nach Hause, umarmten ihre Frauen, ihre Kinder; feierten ein großes Fest mit ihren Freunden und Nachbarn und knüpften da wieder an, wo sie vor Monaten oder Jahren wegen ihrer Krankheit aufhören mussten. Es wurde alles wieder wie früher.

Es blieb alles beim Alten. Einer aber stutzte: „Ich bin gesund. Mir ist das Leben neu geschenkt worden. Ja, es ist ein Geschenk, dass ich lebe. Gott sei Dank! Gott sei Dank! Was mache ich jetzt mit dem Geschenk?" Er kehrte zu Jesus zurück, fiel auf die Knie und dankte ihm:

„Mein Leben hast du mir wiedergegeben. Ich werde von jetzt an mit Gott leben; immer und allezeit." Und Jesus sagte zu ihm: „Du bist nicht nur äußerlich geheilt – Nein: Dein Vertrauen zu mir hat dir ein neues Leben geschenkt. Du bist wirklich gerettet! Du hast einen großen Glauben."

Dieser eine, der zurückkam, war übrigens kein Frommer. Er war ein gottloser Ausländer, ein verachteter Samariter, ein Fremder. Alle, die das miterlebt hatten, wunderten sich sehr.

Der reiche junge Mann

Er kam angeritten, hoch zu Ross, und die Leute grüßten freundlich und ehrfürchtig. Ein junger Mann, reich und mit viel Einfluss, in jungen Jahren gehörte er schon zur Synagogenleitung. Er sprach Jesus an: „Ich habe schon viel von dir gehört. Meine Leute erzählen viel Gutes von dir. Ich bin überzeugt, du bist die Güte in Person.

So möchte ich auch werden. Was muss ich tun, um ganz mit Gott zu leben?" Jesus antwortete ihm: „Niemand ist von Grund auf gut. Nur Gott allein ist die gute Kraft, die Himmel und Erde zusammenhält und die Herzen der Menschen erfüllt. Du kennst doch die Gebote. Oder?" Der junge Reiche nickte. „Du sollst nicht ehebrechen – die Liebe nicht zerstören." Der Junge nickte.

„Du sollst nicht töten – weder mit Worten noch mit Waffen." Der Reiche bejahte. „Du sollst nicht stehlen – Geld und Gut des Nächsten schützen." Der Junge bestätigte. „Du sollst nicht falsch Zeugnis reden – über andere keine Gerüchte verbreiten." Der Reiche wusste, worum es ging. Er hatte alles gehalten. „Du sollst Vater und Mutter ehren – und sie nicht in die Wüste schicken." „Ich ehre sie", sagte er, „ich habe alles getan, solang ich denken kann."

Als Jesus das hörte, sagte er ihm auf den Kopf zu: „Eines fehlt dir noch, etwas sehr Wichtiges: Verkaufe alles, was du hast und gib es den Armen. Wenn du dich von deinem Schatz auf Erden löst, hast du einen Schatz im Himmel. Dann komm, und folge mir nach!" Als der reiche Junge das hörte, wurde er sehr traurig.

Er hatte viel, Knechte und Mägde, große Herden und gutes Land, Pferde und Stallungen, Häuser und Speicher. Alles aufgeben? Nein, das konnte er nicht. Arm werden wie Jesus? Nein, das wollte er nicht. Das konnte er sich beim besten Willen nicht vorstellen. Als Jesus sah, wie traurig er war, tat er ihm in der Seele leid. „Die Reichen haben es schwer, ins Reich Gottes zu kommen; denn sie kommen von ihrem Reichtum nicht los. Es ist leichter, ein Kamel kriecht durch ein Nadelöhr, als das ein Reicher ins Reich Gottes kommt." Der reiche

Junge ritt davon. „Gott“, sagten die Zuhörer, „wer kann dann bei Gott sein? Wir haben alle etwas, woran unser Herz hängt. Es ist alles so furchtbar schwer.“ Die Traurigkeit legte sich wie eine lähmende Stille über die Menschen. „Seid nicht traurig“, munterte Jesus sie auf, „was für die Menschen so schwer ist, das wird bei Gott schon leicht. Was bei den Menschen unmöglich erscheint, das ist bei Gott möglich.“

„Wir haben alles verlassen und sind dir nachgefolgt“, sagte Petrus. „Ich weiß“, verstand Jesus, „Haus, Hof, Arbeit, Familie, alles habt ihr verlassen. Aber ihr werdet tausendfach belohnt. Innerlich werdet ihr von Tag zu Tag reicher – ihr lebt ein neues Leben mit Gott.“

Der blinde Mann von Jericho

Auf dem Weg nach Jerusalem kamen Jesus und die Seinen in die Nähe von Jericho. Wie immer waren viele Menschen mit ihnen unterwegs, Männer und Frauen, die seine Predigten hören wollten, und natürlich waren sie darauf aus, beim nächsten Wunder hautnah dabei zu sein.

Viele hatten schon vieles von Augenzeugen gehört und diesmal wollten sie selbst dabei sein, wenn Tote lebendig werden oder Lahme von jetzt auf gleich wieder gehen können. Vor Jesus und hinter Jesus waren die Menschen, sorgsam darauf bedacht, nichts zu verpassen, nicht ein Wort. Die Menge erreichte das Stadttor von Jericho. Vor dem Tor saß ein Blinder am Wegesrand und bettelte – nichts Ungewöhnliches damals – und heute auch nicht.

Der Blinde merkte, dass etwas anders war als sonst. So viele Menschen um diese Tageszeit auf dem Weg nach Jericho, äußerst ungewöhnlich. Er fragte die Menschen, die bei ihm vorbeikamen: „Was ist los? Wo wollt ihr hin? Gibt es etwas Besonderes?“ „Sei ruhig Alter und kümmere dich um deine Sachen. Jesus kommt nach Jericho und jetzt sei still, und vor allem halte uns nicht auf." Dem Blinden war sofort klar:

„Der Jesus, von dem habe ich schon so viel gehört." Er stand auf und schrie auf einmal in die Menge: „Jesus! Du Sohn Davids, erbarme dich meiner. Du bist der richtige König, auf den wir hoffen." Die Leute wollten ihm sofort den Mund verbieten. Denn König ist doch Herodes und der wohnt im Palast, das wusste jedes Kind. „Sei augenblicklich still", herrschten ihn die Leute an.

„Jesus! Du Sohn Davids, erbarme dich meiner! Schenk mir einen Augenblick!", schrie der Blinde doppelt so laut. Jesus blieb stehen und bat die Mund-Verbieter, sie sollten ihn zu ihm führen. „Was soll ich für dich tun?", fragte ihn Jesus. „Herr, ich möchte wieder sehen", bat der Blinde. Jesus sah ihn an, legte ihm die Hände auf: „Sei geheilt", sagte er ihm, „dein Glaube hat dich sehend gemacht." Und augenblicklich konnte er sehen.

Er folgte Jesus nach und pries Gott über alles, was er am eigenen Leib erfahren hatte. Alle, die es miterlebt hatten, stimmten in das Lob Gottes mit ein. Einige ahnten, so breitet sich das Reich Gottes aus. So, wie wir es hier gesehen haben, als Lichtblick unter den Menschen. Da gingen ihnen die Augen auf.

Zachäus hängt im Baum

Jesus kam nach Jericho, in die Stadt, die vor langer Zeit von den Israeliten mit Pauken und Trompeten eingenommen worden war; die Stadt, die ein wichtiges Tor zur arabischen Welt wurde. Wer hier Waren aus- oder einführte, musste Steuern bezahlen, Steuern für den Kaiser in Rom. Zachäus, der Oberzöllner, kassierte sie; immer ein wenig mehr, als geboten, manchmal auch viel mehr, in die eigene Tasche. Zachäus heißt übersetzt: der Gerechte.

Er war aber genau das Gegenteil, schon von Berufs wegen. Er war bei den Leuten nicht gut angesehen. Dieser Zachäus wollte Jesus sehen, doch es ging nicht. Er kam vor lauter Menschen nicht an ihn heran. Außerdem war er viel zu klein. Er ragte aus der Menge nicht heraus. Niemals.

So lief er, schlau wie er war, weit voraus und stieg auf einen Maulbeerbaum. Er dachte sich: „Hier wird Jesus vorbeikommen. Hier habe ich eine gute Aussicht." Und wirklich, Jesus kam vorbei und blieb stehen, genau vor dem Maulbeerbaum. Für Jesus war er nicht zu übersehen, da oben im Baum. „Zachäus, komm herunter von deinem Baum; denn ich möchte heute noch Gast in deinem Haus sein", rief Jesus zu ihm herauf. Zachäus kam schnell herunter. „Gerne", sagte er, „herzlich gerne!" Jesus lud sich bei ihm ein: „Komm, wir wollen zusammen Abendmahl halten."

„Ein Skandal", meckerten die Mitziehenden, „bei diesem widerlichen Steuereintreiber kehrt er ein. Weiß Jesus denn nicht, was das für ein Gauner, was das für ein gemeiner Schurke ist? Ehrenwerte Bürger gibt es doch wahrlich genug hier. Aber dieser Zachäus, das ist doch das Letzte." Das Volk war wieder einmal außer sich, obwohl es Jesus eben noch in den Himmel gelobt hatte. Das Volk vergaß schnell – damals wie heute. Zachäus aber trat vor seinen Herrn – und es fuhr im durch Mark und Bein, als er sagte: „Herr, ich gebe die Hälfte meines Besitzes den Armen. Und wenn ich jemanden betrogen habe, dem gebe ich das Vierfache zurück. Ich will wieder gutmachen, was ich bisher an Unrecht getan habe. Ich

Geo
2002

bin kein guter Mensch." „Ja", nickte Jesus zustimmend, „heute ist das Heil in dein Haus eingekehrt – und du hast es begriffen." Zu den Menschen gewandt sagte Jesus: „Auch dieser Mensch gehört zu den Söhnen Abrahams. Wenn er auch noch so viel auf dem Kerbholz hat. Ich will euch sagen: Der Sohn Gottes, der gekommen ist, die Erde mit dem Himmel zu verbinden, der sucht die, die verloren sind, und macht die selig, die schon lange abgeschrieben wurden." Das Murren verstummte. Drinnen im Haus feierte Jesus. Doch draußen standen immer noch einige, die sich ärgerten, auch Pharisäer und Schriftgelehrte, und die vergaßen nie, dass er mit diesem Sünder Abendmahl feierte.

Das Fest für die Randfiguren

Die Menschen waren begeistert, die meisten jedenfalls. Jesus aß und trank mit den Sündern und Zöllnern. Die Armen waren seine Lieblinge. „Mit Jesus ist ein neuer Geist in die Welt gekommen", das erfuhren viele. „Glücklich ist der, der zu Gottes Tisch geladen wird in der neuen Welt", sagte einer zu Jesus, und jeder sah, er war glücklich. Jesus sah ihn an und antwortete mit einem Gleichnis:

„Es war ein Mann, der veranstaltete ein großes Abendmahl. Dazu lud er viele angesehene und wichtige Menschen ein. Als alles gut vorbereitet war, sollte das Fest beginnen. Er schickte seinen Boten los, um die Menschen zu bitten: ‚Kommt, es ist alles bereitet.' In diesem Moment fingen sie nacheinander an, sich zu entschuldigen. Der Erste sprach: ‚Ich habe einen Acker gekauft, den muss ich sehn. Ich habe Grund und Boden gekauft, auf dem werde ich stehen. Ich bitte dich, entschuldige mich.' Der Zweite sprach: ‚Ich habe fünf Ochsengespanne gekauft. Die sollen für mich arbeiten. Nun muss ich gehen und sie abholen. Ich bitte dich, entschuldige mich.' Und der Dritte sprach: ,Ich habe mir eine Frau genommen und kann nicht kommen. Ich bitte dich, entschuldige mich.'

Der Bote kam traurig zurück. ,Die haben Gründe', sagte er, ,Acker, Vieh, junge Frau, alles, was man sich auf der Erde erträumt, hindert sie zu kommen.' Da wurde der Hausherr zornig. ,Schnell, geh auf die Straßen', sagte er zu seinem Boten, ,geh auf die Gassen und hole sie alle, die Armen und die Verkrüppelten, die Blinden und die Lahmen. Alle, die sonst keine Rolle spielen. Alle sind eingeladen, die sonst keiner einlädt.'

Der Bote ging los und holte sie alle ins festlich geschmückte Haus. ,Es gibt noch Plätze', sagte er zu seinem Herrn. Der wies ihn an: ,Geh vor die Tore der Stadt, dorthin, wo die Allerärmsten hausen, geh an die Hecken und Zäune, zu denen, die immer abseits stehen. Alle sollen kommen! Damit mein Haus voll werde. Denn niemand, der eingeladen war und abgesagt hat, wird mein Abendmahl schmecken. Nie und niemals. Sie werden nicht einmal eine Ahnung vom Himmel auf Erden haben.'"

So erzählte Jesus von seinem neuen Reich. Und viele hörten seine Rede und staunten nicht schlecht.

Die Arbeiter im Weinberg

Es war eines der vielen Gespräche, das Petrus mit Jesus führte. „Jesus, wir haben alles verlassen und sind dir gefolgt. Wir ziehen mit dir durch das Land. Du bist unser Leben. Aber kannst du mir sagen, welchen Lohn wir bekommen werden?“ Genau genommen wollte Petrus von Jesus die Bestätigung haben, dass er bei Gott einen hohen Stand auf dem Punktekonto hatte.

Jesus sah Petrus an und antwortete mit einer Geschichte: „Das Himmelreich ist wie ein Weinberg. Der Besitzer des Weinbergs zog zur Zeit der Weinlese an einem frühen Morgen auf den Markt. Dort warteten die Tagelöhner auf Arbeit. Der Besitzer des Weinbergs sprach mit einigen Tagelöhnern und heuerte sie zur Weinlese an. Sie vereinbarten als Tageslohn einen Silbergroschen. Die Tagelöhner zogen in den Weinberg und begannen mit der Arbeit.

Nach drei Stunden ging der Weinbergbesitzer abermals auf den Marktplatz. Er suchte weitere Arbeiter für den Weinberg. Die fand er auch. Er schickte sie in den Weinberg und sagte ihnen zu, sie würden das als Tageslohn bekommen, was Recht sei. Das machte der Weinbergbesitzer noch weitere zweimal. Einmal nach sechs Stunden und einmal nach neun Stunden, ausgehend von den ersten Arbeitern an diesem Tag.

Die ersten Arbeiter waren schon elf Stunden im Weinberg, da ging der Weinbergbesitzer wieder auf den Markt. Er fand dort einige Tagelöhner, die an diesem Tag keine Arbeit gefunden hatten. Er fragte sie, warum sie auf dem Marktplatz ständen. Sie antworteten, dass sie von niemandem gefragt worden seien. Auch diese Arbeiter schickte er noch in seinen Weinberg.

Als es Abend wurde rief er seinen Verwalter: ‚Rufe die Arbeiter zusammen und gib ihnen ihren Lohn. Beginne mit der Auszahlung bei denen, die als Letzte gekommen sind.‘ Der Verwalter rief sie und gab ihnen ihren Lohn. Sie bekamen einen Silbergroschen. Sofort ging das Gemecker los, die aus der ersten

Schicht waren wütend: ‚Das geht nicht mit rechten Dingen zu, diese hier haben nur eine Stunde gearbeitet und sie bekommen so viel wie wir, die wir den ganzen Tag in der prallen Hitze im Weinberg geschuftet haben.' Der Weinbergbesitzer ging auf einen von den Meckerern zu. ‚Mein Freund, sind wir uns nicht einig gewesen?

Haben wir nicht einen Silbergroschen als Tageslohn vereinbart? Nimm das, was dir gehört, und geh. Kann ich nicht mit meinem Geld machen, was ich will? Warum nimmst du es mir krumm, dass ich zu den anderen gütig bin?'"

Petrus guckte Jesus erstaunt an. Jesus blickte Petrus tief in die Augen und sagte: „So werden die Letzten die Ersten und die Ersten die Letzten sein."

Die Sache mit dem ersten Stein

Eigentlich waren die Männer, die die Frau mitschleppten, an ihr nicht sehr interessiert; sie sollte nur dazu dienen, Jesus eine Falle zu stellen, damit man ihn endlich beseitigen konnte. Dazu war sie gut genug, wenn es sie auch das Leben kosten konnte.

Sie war beim Ehebruch ertappt worden. Und da besannen sich die Gegner Jesu, dass im 3. Buch Mose befohlen war, eine Ehebrecherin mit Steinen totzuwerfen. Raffiniert gingen sie vor: „Meister, hilf uns weiter! Diese Frau ist beim Ehebruch ertappt worden. Wir ließen sie ja gern leben, aber du kennst doch das Gesetz Mose. Was sollen wir tun?" Sie glaubten, Jesus in der Falle zu haben: Bestätigte er das Gebot, so würden sie die Frau steinigen. Was lag ihnen an ihr. Anschließend aber würden sie Jesus wegen Anstiftung zum Mord anklagen. Dann wären sie ihn los. Widerrief er aber die Steinigung, so war allen klar, dass er das göttliche Gebot, durch Mose gegeben, nicht ernst nahm. Wie konnte er dann aber von Gott kommen? Jesus hätte sich unglaubwürdig gemacht. „Also, Jesus, was sollen wir tun?", sie drängten ihn.

Er aber ließ ihnen Zeit zur Besinnung, malte in den Sand. Sie aber hielten ihre Falle für derart perfekt, dass sie nicht zum Nachdenken kamen. Da richtete sich Jesus auf: „Natürlich muss sie gesteinigt werden; wir, wir können doch Gottes Gebot nicht außer Kraft setzen. Und wer von euch noch kein Gebot übertreten hat, der wird den ersten Stein werfen – wir anderen werfen danach!", und er bückte sich und malte weiter in den Sand.

Jetzt war die Frage nicht mehr steinigen oder nicht steinigen. Jetzt ging es um die eigene Schuld: Wie steht es mit mir? Kann ich den ersten Stein werfen? Bin ich denn frei von Schuld, von Versagen?

Keiner wagte, den ersten Stein zu werfen. Einer verdrückte sich nach dem anderen, heimlich, still und leise. Zuletzt waren Jesus und die Frau alleine. „Keiner hat dich verurteilt? Ich verurteile dich auch nicht. Geh hin und führe ein neues Leben!" Das ist es, was Jesus uns beibringt, nicht das Ende, sondern den Neuanfang. Aber wer begreift das schon.

Vom verlorenen Sohn

Die Pharisäer und Schriftgelehrten meckerten gegen die verlorenen Zöllner und die verdammten Sünder, mit denen sich Jesus abgab. Sie wachten über das religiöse Leben des Volkes und ärgerten sich maßlos über Jesus: „Er nimmt die Sünder auf und isst mit ihnen. Erst, wenn ein Sünder Buße tut und sich dem Reinigungsritus unterwirft, darf man ihn zu Tisch bitten. So aber geht es nun wirklich nicht." Sie sprachen so laut, dass Jesus es mitbekommen musste. Er versuchte, sie umzustimmen, ohne Erfolg. „Hört zu, ich erzähle euch eine Geschichte", sprach Jesus zu ihnen:

„Ein Mann hatte zwei Söhne. Der Jüngere kam zum Vater: ‚Ich will auswandern. Ich halte es hier nicht mehr aus. Gib mir mein Erbteil. Als Jüngerer kann ich hier sowieso nichts werden.' Der Vater nickte und schwieg und gab ihm sein Erbe bar auf die Hand. Reisende kann man nicht aufhalten. Und so packte der Junge seine sieben Sachen und zog in die Fremde. Dort lebte er in Saus und Braus.

Er vergeudete sein Erbteil mit leichten Mädchen und mit falschen Freunden. Sie hingen an ihm wie Blutsauger. Und als er nichts mehr hatte, ließen sie ihn fallen. Eine Hungersnot kam über das Land, aber niemand half ihm. In seiner Not bat er einen Schweinebauern um Arbeit. Er konnte die Schweine hüten, aber selbst den Schweinefraß durfte er nicht anrühren.

‚Es ist eine große Schweinerei', das wurde dem Jungen klar, ‚ich bin bei den Schweinen gelandet. Der einzige Unterschied zu ihnen ist: Sie sind satt und ich bin hungrig. Ich sterbe hier fast vor Hunger. Wie viele Knechte und Mägde hat mein Vater – und alle werden satt. Ich will zu meinem Vater gehen und ihn bitten: Lass mich einer deiner Knechte sein; denn dein Sohn kann ich nicht mehr sein. Ich habe alles vergeudet und alles verloren.'

Mit diesen Gedanken machte er sich auf den Heimweg. Schon von weitem erkannte ihn sein Vater, lief ihm entgegen und fiel ihm um den Hals. Er war ihm schon lange entgegengegangen. Der Junge aber sagte dem Vater alles: ‚Ich habe gesündigt gegen Gott im Himmel und gegen dich auf der Erde. Dein Sohn kann ich nicht mehr sein. Ich bin nicht gut genug für dich. Nimm mich auf als deinen Knecht.' ‚Komm', nahm ihn der Vater wieder in die Arme. ‚Du gehörst zu mir. Du bist und bleibst mein Sohn. Ganz gleich, was geschehen ist.' So zogen sie gemeinsam nach Hause.

‚Gebt ihm neue Kleider, schlachtet ein Kalb, wir feiern ein Fest. Der verlorene Sohn ist wieder da', rief er den Knechten und den Mägden zu. ‚Lasst uns essen und trinken und tanzen und singen. Hier ist mein Sohn. Er war verloren. Aber nun hat er sich wieder eingefunden. Er war tot, und nun ist er lebendig unter uns.' Sie feierten ein großes Fest. Und so ein Fest hatte noch keiner von ihnen erlebt. Als aber der Ältere nach Hause kam, hörte er schon von weitem den

Jubel und den Trubel. Er verstand die Welt nicht mehr. ‚Was soll das Ganze?' fragte er wütend. Die Diener erklärten ihm die Geschichte, die sich mit seinem Bruder abgespielt hatte. Er wurde bockig und wollte seinem Vater alles vor die Füße werfen.

‚Ich habe die ganze Zeit hart gearbeitet, habe mich an die Regeln gehalten, musste immer Vorbild sein – nie hast du für mich ein Fest gegeben. Und mein Bruder, wahrlich kein unbeschriebenes Blatt, kommt total zerrissen und heruntergekommen nach Hause, dem schlachtest du ein Mastkalb. Nun will ich nicht mehr. Meine Geduld und meine Gutmütigkeit sind zu Ende."

‚Komm', sagte der Vater und nahm ihn in die Arme. ‚Du hast die ganze Zeit zu mir gehört. Wir gehören zusammen. Immer. Dein Bruder aber, der war für uns verloren, der war für uns wie gestorben. Aber nun ist er wieder da und lebt. Komm, freu dich mit uns allen.'"

Jesus hatte diese Geschichte nicht nur für die Pharisäer und die Schriftgelehrten erzählt, auch für seine verlorenen Sünder. Die wussten: Sie waren gemeint. Sie waren schon ziemlich heruntergekommen, innerlich und manche auch äußerlich. Sie wussten, Jesus war auf die Welt gekommen zu den Verlorenen.

Die Schriftgelehrten und die Pharisäer aber knirschten mit den Zähnen und machten sich wortlos aus dem Staub.

Einzug in Jerusalem

Sie zogen von Jericho nach Jerusalem. Jesus schickte zwei seiner Jünger nach einem Esel, auf dem nie ein Mensch gesessen hatte. Sie fanden ihn. „Der Herr braucht den Esel", sagten sie den Leuten und nahmen den Esel mit. Sie zogen ihre Gewänder aus und legten sie auf den Esel. „Es sollte prächtig aussehen", meinten sie und brachten ihn Jesus. So zogen sie los nach Jerusalem. Die anderen legten ihre Gewänder auf den Weg, wieder andere warfen Palmwedel in die Luft. Sie riefen und sangen:

„Gelobt sei unser König, der zu uns kommt im Namen unseres Gottes. Lobet und preiset ihr Völker den Herrn, im Himmel und auf Erden! Die Herrlichkeit Gottes breitet sich aus. Gott kommt uns entgegen." Das Volk feierte ihn als den neuen lang ersehnten König. „Der stellt alle in den Schatten, die uns regieren", sagten die Jungen – und die Alten nickten.

Einige Pharisäer aber, die mitgezogen waren, kamen zu Jesus und redeten auf ihn ein: „Du bist ein großer Meister, aber was zu weit geht, geht zu weit. Bring deine Jünger zum Schweigen; sonst wird das Folgen haben – üble Folgen für dich und alle anderen. Wir wissen alles über dich."

Er antwortete ihnen: „Wenn diese Menschen schweigen, dann werden die Steine schreien. Wenn ihr meine Jünger zum Schweigen bringt, dann werden sogar die stummen Steine bezeugen, wer hier der König ist." Er wusste schon jetzt von der Zerstörung Jerusalems und dass kein Stein auf dem anderen stehen würde. So vermischte sich die Freude der Menschen mit der Traurigkeit Jesu – und natürlich mit dem Zorn der Pharisäer.

Als Jesus Jerusalem erreicht hatte, ging er zum Tempel. „Das ist das Haus meines Vaters", hatte er immer wieder gesagt. Er sah, wie die Händler den Gläubigen Geld tauschten und ihre Gewinne einstrichen. Wie sie alle ihre Geschäfte machten auf Kosten der einfachen Leute. Er wurde wütend und warf die Tische um, nahm eine Peitsche und jagte die Halsabschneider aus dem Tempel: „Ihr habt mein Haus zu einer Räuberhöhle gemacht. Ihr habt es entweiht. Mein Haus aber soll ein Bethaus sein", rief er ihnen hinterher. Von nun an lehrte, erzählte und betete Jesus jeden Tag im Tempel – und jeden Tag hörten mehr Menschen zu. Sie hingen an seinen Lippen; denn seine Worte waren Speise für die Seelen und Balsam für die wunden Herzen. Die Priester aber und die Schriftgelehrten und die übrigen Führer des Volkes wollten ihn loswerden. Es fehlte nur noch die richtige Idee. Er war sehr beliebt beim Volk. Sie lauerten auf eine günstige Gelegenheit, und sie überlegten, wie sie ihn aufs Kreuz legen konnten.

Passionsgeschichten

Zum letzten Mal – das letzte Mahl

Das jährliche Passahfest nahte, das Erinnerungsfest an den Auszug aus Ägypten und die Befreiung aus der Sklaverei. Viele Menschen kamen in Jerusalem zusammen, die Stadt war voll und Jesus lehrte im Tempel. „So kann es nicht weitergehen", sagten die Pharisäer und die Schriftgelehrten. „Wenn dieser Jesus während des ganzen Festes im Tempel lehrt, haben wir alle unsere Autorität beim Volk verspielt. Sie hängen an seinen Lippen. Sehr gefährlich. Er wird von Tag zu Tag bekannter und beliebter. Wir müssen ihn noch vor dem Fest töten."

Judas aber, einer der Jünger, erkannte die Angst der Hohenpriester und wollte sie sich zu Nutze machen. Er redete mit ihnen und mit den Hauptleuten der Tempelpolizei. Satan schlich sich in seine Gedanken und schlug ihm vor, wie er ihnen Jesus in die Hände spielen könnte. Ein Aufatmen ging durch die Reihen der Kirchenführer. Sie versprachen ihm dreißig silberne Taler. So kamen sie ins Geschäft.

Und Judas suchte eine passende Gelegenheit, Jesus zu verraten, natürlich ohne großes Aufsehen. Still und heimlich sollte es geschehen. Das war die Abmachung. Jesus wusste und ahnte alles. „Sie sind hinter mir her", wusste er. „Und es wird ein tödliches Ende nehmen", ahnte er. Petrus und Johannes sandte er nach Jerusalem, um für das letzte Mahl alles vorzubereiten: Das Passahlamm opfern und ungesäuertes Brot essen – so sollte es sein. „Ihr werdet einem begegnen, der trägt einen Wasserkrug. Dem folgt und sprecht mit dem Hausherrn. Fragt ihn nach dem Raum mit den gepolsterten Stühlen; fragt ihn, ob wir bei ihm das Passahmahl feiern können. Bereitet alles vor. Wir kommen nach." Jesus aber und die Seinen hielten sich versteckt, außerhalb von Jerusalem.

Sie zogen los und fanden alles, wie Jesus es ihnen beschrieben hatte. Am Abend kamen sie heimlich und unbemerkt von Spitzeln zusammen. Sie setzten sich an den Tisch, Jesus und die zwölf Jünger – die späteren Apostel. So konnten sie in Jerusalem gemeinsam das Mahl feiern. Jesus goss Wein in den Kelch. Sie tranken alle daraus. Dann brach er das Brot in Stücke. Sie aßen alle davon. Er sagte: „Mein Leib für euch“, und „mein Blut für euch!“ Und jeder ahnte, Schweres kommt auf uns zu. „Das ist der letzte Tropfen Wein, den ich mit euch trinke, bis das Reich Gottes kommt“, sagte er ihnen. „Tut dieses immer zu meinem Gedächtnis. Ihr werdet leben und ich werde bei euch sein. Doch wehe dem, der mich verraten wird. Die Hand des Verräters ist schon ausgestreckt, um mich auszuliefern.“ „Wer kann das nur tun“, fragten sie untereinander. Judas aber wusste, wer gemeint war.

Im Garten Gethsemane

Vom Abendmahl brachen sie auf und gingen zum Ölberg – vor die Tore Jerusalems – wie alle Abende vorher. Hier hatten sie oft übernachtet. Hier waren sie vor den Spitzeln der Pharisäer sicher, und vor der Polizei. Jesus wusste, sie waren alle hinter ihm her. Die Hohenpriester mit ihren Informanten, die Partei der Pharisäer, die römische Besatzungsmacht mit der Abteilung für ‚Ruhe und Ordnung‘ und die Herodesleute. Aber auch das wusste Jesus, die Liebe des Volkes zu ihm wurde immer größer.

„Wo ist Judas“, fragte er die Seinen. „Weg“, war die Antwort, „er hat uns verlassen“, beteuerten sie. „Ich stehe zu dir. Immer und ewig!“, schwor Petrus. „Gerade du! Ehe der Hahn kräht, wirst du mich schon dreimal verleugnet haben“, entgegnete ihm Jesus. „Wie soll es weitergehen? Welches ist der richtige Weg, was die richtige Entscheidung?“ Er rief seine Jünger zusammen: „Wachet und betet. Bleibt wach, sonst seid ihr schwach. Die Versuchung lauert überall.“ Und er entfernte sich einen Steinwurf weit, kniete nieder und betete. Aber einer nach dem anderen fiel in den

Schlaf. Jesus kam zurück und rüttelte sie wach: „Könnt ihr nicht einen Moment mit mir wachen? Was soll ich tun? Sollen wir vor den Soldaten fliehen – oder hier bleiben? Soll ich mich stellen? Was ist der richtige Weg? Wachet mit mir und betet!" Er ging wieder und betete und rang mit Verzweiflung und Leid, mit Sterben und Tod. „Soll ich den bitteren Kelch trinken? Oder geht er noch einmal an mir vorüber? Gottes Wille soll geschehen. Und nur der."

Der Schweiß rann ihm wie Blut von der Stirn. Jesus kämpfte für das Leben. Sein ganzer Körper war ein Gebet. Und wieder ging er zurück und fand sie schlafend; denn sie waren vor Kummer und Traurigkeit erschöpft. „Warum schlaft ihr? Warum könnt ihr nicht mit mir wachen?", fragte er sie ein nächstes Mal.

Zwischen den Bäumen sah man viele Gestalten durch den Garten auf Jesus zukommen. An der Spitze Judas. „Wusste ich es doch", dachte Jesus, „er wollte, dass ich die römischen Soldaten aus dem Land vertreibe. Nun ist er enttäuscht. Nun will er mich mit anderen Mitteln zwingen, dass zu tun, was er will." Judas ging auf Jesus zu und gab ihm den traditionellen Begrüßungskuss. Jesus schüttelte den Kopf: „Judas", sagte er, „mit einem Kuss willst du mich verraten?" Die Jünger standen dicht um Jesus herum.

Sie waren bereit, ihren Herrn und Meister sofort zu verteidigen. „Sag nur ein Wort, dann schlagen wir mit dem Schwert dazwischen", rief einer ihm laut zu. Und ehe Jesus überhaupt etwas sagen konnte, haute einer von ihnen mit dem Schwert das Ohr eines Soldaten ab. Petrus war es. Jesus nahm das Ohr und heilte den Knecht, so wie er vorher viele Menschen geheilt hatte.

Jesus hatte sich nicht geändert. „Ihr seid gekommen", sagte er zu den Häschern, den Ältesten aus dem Gemeinderat, „als wolltet ihr einen Räuber festnehmen. Mit Schwertern und Stangen seid ihr hier eingedrungen, um einen Wehrlosen gefangen zu nehmen. Und dabei war ich doch täglich im Tempel – und ihr habt mir nichts getan unter den vielen Leuten. Ihr hattet Angst vor denen, die mich lieben. Aber jetzt ist es dunkel und die Finsternis hat die Macht, die ich besiegen will. Der Teufel aber triumphiert." Sie ergriffen ihn und brachten ihn nach Jerusalem in des Haus des Hohenpriesters. Die Jünger folgten mit nötigem Abstand; denn sie hatten Angst um sein Leben und um ihr Leben. Petrus aber schlich sich zu den Wachen auf den Hof zum Feuer. Natürlich ging es wie ein Lauffeuer von einem zum anderen: „Der Mann aus Nazareth, der Jesus, ist verhaftet worden." Die einfachen Leute wollten es nicht wahrhaben. Sie konnten es nicht glauben. Da entdeckte eine Magd Petrus im Schein des Feuers: „Du kennst ihn doch! Ist er es wirklich? Du bist doch einer von den Jesusleuten?", fragte sie ihn.

„Ich? Ich kenne diesen Menschen nicht. Nein. Keine Ahnung." Und wieder kam eine, sie sah ihn ganz genau an: „Du gehörst doch zu seinen Freunden. Ist dieser Jesus wirklich verhaftet worden? Sag was!" „Nein! Ich kenne diesen Menschen nicht. Ich weiß nicht einmal, wovon du redest. Keine Ahnung!", log er. Und eine Dritte kam auf ihn zu: „Ich kenne die Jesusleute. Du gehörst dazu. Ich kenne dein Gesicht. Stimmt das, was sie mit Jesus angezettelt haben?" „Nein, nein und nochmals nein. Ich weiß von nichts. Ich habe keine Ahnung!", leugnete er abermals.

Dann verließ er schleunigst den Hof; denn der Boden wurde ihm zu heiß unter seinen Füßen. Nicht wegen des warmen Feuers. Er lief durch die Straßen. „Nur weg von hier", dachte er noch und da krähte der Hahn. Petrus wusste sofort: „Ich bin schwach und feige gewesen." Er dachte an Jesus und an seine Worte: „Ehe der Hahn kräht, hast du mich schon dreimal verleugnet." Und Petrus weinte bitterlich.

Der Hohe Rat

Die ganze Nacht über verspotteten die Männer Jesus. Sie verbanden ihm die Augen und schlugen ihm ins Gesicht. Dann fragten sie ihn: „Du bist doch so klug, so hellseherisch begabt. Sag, wer schlug dich?" Und wieder schlugen sie ihm ins Gesicht und sangen ihre Spottlieder: „Er macht, dass die Blinden sehen, und kann doch selbst nicht gehen. Du bist doch so klug, sag uns, wer dich schlug... ." So spotteten sie und schlugen sie – die ganze Nacht. Und sie hatten ihren Spaß dabei.

Als es endlich Tag wurde, versammelten sich die Ältesten des Volkes – aber abseits vom Volk. Die hohen Würdenträger des Volkes mit den Hohepriestern führten Jesus vor den Hohen Rat zum Verhör. Ihnen war klar, dass sie diesen Jesus jetzt in der Hand hatten. Gefangen genommen in einer Nacht- und Nebelaktion, mit einer großen Portion Glück und einem Verräter aus seinen eigenen Reihen. Nur jetzt durfte ihnen kein Fehler mehr unterlaufen. Nicht ein einziger. Das war ihnen allen klar, als das Verhör begann.

„Bist du der lang ersehnte Christus?, so sage es hier und jetzt!", fragten sie ihn geradeaus und ohne Umwege. Jesus antwortete ihnen: „Wenn ich es euch sage, ihr glaubt es doch nicht. Wenn ich frage, so antwortet ihr nicht. Aber von diesem Augenblick an wird der Gottessohn an Gottes rechter Seite sitzen." „Moment", schrien sie aufgebracht, „du willst doch nicht behaupten, dass du Gottes Sohn bist?" Er antwortete ihnen ruhig und gelassen: „Ihr sagt es. Ich bin es." Wieder schrien sie:

„Wir haben es mit eigenen Ohren gehört, aus seinem eigenen Mund. Was wollen wir mehr. Jetzt haben wir ihn überführt." Die Menschen, die sie als Zeugen in einem Nebenraum versammelt hatten, die bezeugen sollten, was dieser Jesus alles gesagt und getan hatte, die brauchten sie nun nicht mehr. Denn die Angelegenheit war für sie jetzt sonnenklar. Sie hatten, was sie wollten, gehört aus seinem Mund, seine eigenen Worte hatten ihn belastet. Für sie war es klar. Er war schuldig. Sie griffen ihn und schleppten ihn vor Pontius Pilatus.

Vor Pontius Pilatus

Die Ältesten des Volkes verklagten Jesus vor dem römischen Statthalter. „Er hetzt das Volk auf", sagten sie, „er bringt Unruhe unter die Leute. Er wiegelt sie auf, keine Steuern mehr zu zahlen. Er behauptet: Er sei der neue König – die Konkurrenz für den Kaiser. Er sagt: Er sei Christus, der Erlöser. Er will das Volk vom römischen Reich befreien. Pilatus, jetzt musst du handeln."

Pilatus fragte Jesus: „Bist du der König der Juden?" Jesus nickte: „Du sagst es." Pilatus schüttelte den Kopf: „Das ist kein Grund für eine Verurteilung. Ich finde keine Schuld." Sie aber schrien laut und entrüstet: „Das darf doch nicht wahr sein! Er wiegelt das Volk auf. Er ist ein Staatsfeind Nummer eins. Er zieht durch das ganze Land und verbreitet neue Lehren; die rütteln an unseren Ordnungen. Er ist sehr beliebt beim Volk. Und wenn wir nicht schnell etwas tun, dann ist es aus mit der Ruhe im Staate Israel, Pilatus!"

Pilatus überlegte lange, ob er diesen Fall nicht anders lösen könnte. Dann hatte er eine Idee. Er erkundigte sich nach Jesu Herkunft. „Er ist ein Galiläer", sagten die Leute. „Tja", sagte Pilatus zu allen Anwesenden, „dann ist doch alles klar. Bei mir seid ihr falsch mit eurem Problem. Für die Anschuldigungen, die ihr gegen diesen Mann erhebt, bin ich gar nicht zuständig. Dafür ist Herodes zuständig."

Er schickte die Ankläger mit Jesus zu Herodes und alle, die dort waren zogen mit. Denn sie wollten wissen, wie es mit dem Fall weiterging. Vor allem aber wollten sie dabei sein, wenn es ein neues Wunder gab. Diesem Jesus aus Nazareth trauten sie durchaus noch etwas Spektakuläres zu. Etwas, mit dem nichts und niemand rechnen würde. Ein Wunder eben. Die Gesichter der Hohenpriester und Schriftgelehrten, die wollten sie dann sehen. Also blieben sie dran. Wer wusste schon, was bei Herodes geschehen würde.

Die Verurteilung

Die Ankläger kamen mit Jesus wieder zu Pontius Pilatus. Diese erklärten ihm kurz und knapp die Ansicht von Herodes und erklärten ihm nachdrücklich, dass er Jesus nun verurteilen müsse. Pilatus rief kurzfristig eine Vollversammlung der „Oberen" ein und wollte die Angelegenheit schnell aus der Welt haben. „Ihr klagt an: Aufwiegelung des Volkes und Unruhe-Stiften durch Jesus von Nazareth. Er hat nichts getan, was verboten ist. Auch Herodes hält ihn nicht für gefährlich. Er findet ihn höchstens lächerlich. Ich finde keine Schuld an ihm. Ich sollte ihn freilassen. Ich kann ihn auspeitschen lassen, wenn ihr unbedingt Blut sehen wollt, mehr nicht."

Sie aber schrien durcheinander: „Wir wollen keinen freien Jesus. Wir wollen seinen Tod. Gib uns Barabas frei; nicht Jesus wollen wir. Der zettelt nur einen Aufstand gegen die Römer an. Pilatus, tu etwas für deine und für die innere Sicherheit. Aber schnell!" Sie schrien immer lauter: „Kreuzige ihn, kreuzige ihn!"

Pontius Pilatus versuchte es ein zweites Mal: „Ich gebe euch die Wahl, ich lasse diesen Jesus von Nazareth frei, an dem ich keine Schuld finde, oder den Schwerverbrecher Barabas, der einen Aufruhr in der Stadt angezettelt und eines Mordes überführt ist und deshalb im Gefängnis sitzt." Seine Hoffnung war, dass sie diesen Schwerverbrecher nicht wieder auf freiem Fuß sehen wollten. Aber das Geschrei war so groß, und sie schrien wieder:

„Lass Barabas frei und Jesus, kreuzige ihn, kreuzige ihn!" Pilatus unternahm einen dritten Versuch: „Ich erkläre euch noch einmal, dass ich nach allem, was ich weiß, nichts finde, was für eine Verurteilung zum Tode reicht. Dieser Jesus hat den Tod nicht verdient." Sofort schrien aber alle anderen wieder, dass er Barabas freilassen und dass Jesus gekreuzigt werden sollte. Das Geschrei wurde immer lauter und alles drohte außer Kontrolle zu geraten. Pilatus sah keinen anderen Weg mehr, um des lieben Friedens Willen: „Wenn es euer Wille ist, dann soll es so sein. Ich gebe

Barabas frei und verurteile Jesus zum Tod am Kreuz." Der Schwerverbrecher Barabas wurde freigelassen und Jesus wurde den Soldaten überlassen, verurteilt zum Tod.

Die Soldaten lachten sich halbtot: „So einer soll König sein? Schnell eine Dornenkrone auf seinen Kopf, festgedrückt, damit die Stacheln sitzen. Und ein alter Königsmantel soll ihn schmücken." Sie hatten ihren Mordsspaß. Sie luden ihm den Kreuzesbalken auf. Er sollte gekreuzigt werden, vor den Toren der Stadt, auf der Schädelstätte „Golgotha". Alle Mörder und Verbrecher wurden dort hingerichtet.

Jesus stirbt

Es war ein weiter Weg. Immer wieder brach Jesus unter dem Kreuz zusammen. Den Soldaten wurde das zu dumm. Sie holten einen vom Feld, der tragen helfen sollte, Simon von Kyrene. Das Volk aber, das ihn über alles liebte, stand am Wegesrand. Sie weinten und klagten. Sie waren außer sich vor Verzweifelung und vor Traurigkeit. „Weint über euch und eure Kinder!", sagte Jesus zu den Frauen – und dachte wieder an die Zerstörung Jerusalems, „es wird so schlimm, dass ihr flehen werdet: Ihr Berge, bedeckt und beschützt uns. Oh ihr Hügel, schenkt uns den Tod. Wenn das Feuer das Lebendige verbrennt, wie wird es dann erst das Trockene verzehren. Oh, Gott!"

Zwei begleiteten Jesus, beides Verbrecher. Beide trugen den Kreuzesbalken, auch sie verurteilt zum Tod, und Simon von Kyrene, der trug Jesu Holzbalken. Von den Jüngern war niemand dabei. Die Soldaten stellten die drei Kreuze auf: links einen Verbrecher, rechts einen Verbrecher, Jesus in der Mitte. Sie verteilten seine Kleider und verlosten sein Gewand. Das Volk, das von Jerusalem mitgezogen war, stand da, niemand rührte sich. Sie waren wie gelähmt. Die Oberen aber verspotteten ihn: „Vielen anderen hat er geholfen. Aber selbst ist er hilflos. Wie viele Wunder hat er getan? Jetzt warten wir auf das Wunder aller Wunder!"

Auch die Soldaten zerrissen sich die Mäuler und überhäuften ihn mit Spott. Jesus bittet für sie: „Vater, vergib ihnen, denn sie wissen nicht, was sie tun." Einer von ihnen wollte ihm den Mund stopfen, er tauchte einen Schwamm in Essig, um ihn zu betäuben. Auch einer der Verbrecher hat nur Hohn und Spott für Jesus. Der andere aber wusste genau Bescheid: „Uns geschieht es recht. Der hier aber in unserer Mitte, der hat nichts Unrechtes getan. Unschuldig hängt er hier. Denke an mich, wenn du in dein Reich kommst", flehte er Jesus an.

Jesus nickte: „Heute noch wirst du mit mir im Paradies sein." Lange schwiegen sie. Die Sonne brannte unbarmherzig. Doch mit einem Mal verlor sie ihre Strahlen. Die Helligkeit verschwand aus dem Land. Gegen drei Uhr nachmittags breitete sich eine Finsternis über das ganze Land. Es war dunkel bis sechs Uhr. Der Himmel konnte das Unrecht auf der Erde nicht mit ansehen. Der Vorhang im Tempel zerriss in zwei Teile. Das Allerheiligste wurde frei für jeden Menschen. Jesus rief laut sein Gebet: „Vater, mein Geist soll in deinen Händen geborgen sein!" Und er neigte den Kopf zur Seite und starb. Ein römischer Hauptmann hatte alles miterlebt und mehr begriffen als alle anderen.

„Das ist wirklich ein guter und gerechter Mensch gewesen", bekannte der Heide und lobte Gott. Alle, die Jesus gekannt hatten, auch die Jünger, die Freunde, die Frauen, standen abseits und sahen alles mit an – von Ferne und mit Tränen in den Augen.

Jesus wird ins Grab gelegt

Einer von den oberen Ratsherren war ein guter und frommer Mann. Josef aus Arimathäa wartete auf das Reich Gottes. Er hatte das Todesurteil Jesu nicht unterschrieben. Das Handeln der Oberen war ihm zuwider; trotzdem konnte er nichts ändern. Er kannte die Machtspiele zu gut, er wusste, wie der Hase läuft.

Eine einzelne Stimme ist wie ein einsamer Rufer in der Wüste. Das hatte er schon oft erlebt. Auch wenn er gute Argumente hatte, die allen einleuchteten, auch wenn er für die Menschen entscheiden wollte, vor allem für die Armen und die Rechtlosen. Die Priester mit Pilatus, Pilatus mit Herodes. Die hatten alles im Griff. Dagegen war er machtlos. Ein Einzelner konnte da nichts ändern.

Er ging zu Pilatus und bat ihn um den Leichnam Jesu. Pilatus sah ihn etwas verwirrt an. Er dachte kurz nach, aber er fand keinen Grund, der dagegen sprechen konnte. Also stimmte er dem Anliegen des Josef aus Arimathäa zu. Dieser war heilfroh, dass Pilatus eine Entscheidung getroffen hatte und er nicht von Pontius zu Pilatus laufen musste, also zu den Hohepriestern oder auch noch zu Herodes.

Er ging mit seinen Leuten zurück nach Golgotha, nahm Jesus vom Kreuz, wickelte ihn in ein Leinentuch und beerdigte Jesus in seinem Felsengrab. Dort hatte noch nie ein Mensch gelegen. Die einzigen, die mit zum Grab kamen, waren die Frauen, die Jesus schon aus Galiläa gefolgt waren. Sie waren die treuesten Jüngerinnen, die bis zum Schluss bei ihm waren.

Sie sahen, wie Josef und seine Leute Jesus ins Grab legten. Sie fragten ihn, ob er einverstanden sei, wenn sie Jesus noch mit wohlriechenden Ölen und Salben einbalsamieren würden. Er hatte nichts dagegen, im Gegenteil. Die Frauen gingen los, sie wollten die notwendigen Vorbereitungen treffen. Sie waren froh, dass sie für Jesus noch etwas Gutes tun konnten. Der Sabbat brach an – und niemand durfte etwas tun. Das war das Gesetz.

Das Grab ist leer

Als der Sabbat vorüber war, gingen die Frauen in aller Herrgottsfrühe zum Grab. Mit den wohlriechenden Ölen und Salben wollten sie Jesus ihren letzten Liebesdienst erweisen. Doch der riesige, große Stein vor dem Eingang war weggewälzt. Das kam ihnen schon merkwürdig vor. Sie schauten in das Grab – und das Grab war leer.

Sie suchten den Leichnam überall; sie fanden nichts, noch nicht einmal eine Spur. Sie waren todtraurig. Einige weinten. „Man hat unseren Herrn gestohlen", seufzten sie. Durch ihre verweinten Augen sahen sie mit einem Mal zwei helle Gestalten leuchten, Engel, als wären sie vom Himmel geschickt. „Was sucht ihr den Lebendigen bei den Toten?", fragten sie die Frauen, die nicht wussten, wohin mit ihrer Furcht.

„Er ist nicht mehr hier, den ihr sucht. Er ist auferstanden!" Die Frauen blickten zu Boden. Diese Helligkeit war nicht auszuhalten. „Wisst ihr noch, als ihr mit ihm in Galiläa wart, wie er gesagt hat, der Menschensohn muss in die Hände der Sünder fallen und gekreuzigt werden und am dritten Tag auferstehen. Heute ist der dritte Tag." Sie nickten: „Ja, wir erinnern uns. Und heute haben wir es verstanden."

Die Engel verschwanden, so wie sie gekommen waren, unbemerkt. Die Frauen kehrten vom Grab zurück zu den elf Jüngern und den übrigen Freunden und berichteten alles, was sie gehört und gesehen hatten. Unter den Frauen waren Maria Magdalena, Maria – die Mutter des Jakobus, Johanna und noch einige, die alles den Aposteln erzählten. „Geschwätz, Geschwätz, Geschwätz!", riefen diese und glaubten den Frauen kein einziges Wort. „Typisch Frauen! Reine Hysterie!", sagten die Herren Jünger zueinander, „jetzt sehen sie schon am helllichten Tag Gespenster."

Die Frauen hatten das schon geahnt, dass sie ihnen nicht glauben würden, war klar. Aber sie sagten es ihnen noch einmal: „Wir haben euch nur berichtet, was wir mit eigenen Augen und Ohren erlebt haben, nicht mehr und nicht weniger. Und wir wissen genau: Das Grab ist leer und Jesus lebt." Petrus aber stand auf. Er wollte sich selbst überzeugen. Er ging los und suchte das Grab. Er fand alles so, wie die Frauen es berichtet hatten. Der Stein war weggerollt, das Grab war leer, bis auf die leeren Leinentücher. Sonst nichts. So kehrte er wieder um und wunderte sich über das, was er gesehen – und was er nicht gesehen hatte.

Auf dem Weg nach Emmaus

Der Tod Jesu – noch dazu als Verbrecher am Kreuz – hatte bei seinen Freunden einen schweren Schock ausgelöst: Warum hatte Gott nicht eingegriffen? Hatten sich alle geirrt? War alles nur Betrug – und Jesus ein falscher Prophet? An was sollten sie jetzt noch glauben? An die Liebe Gottes zu den Menschen? Das Gegenteil hatten sie gerade erlebt. Zwei von den Jüngern, Lukas und Kleopas, hielten es in Jerusalem nicht mehr aus. „Nichts wie weg aus dieser Mörderstadt", sagten sie und kehrten Jerusalem den Rücken. „Nur weg!" Und doch kamen sie nicht los von diesem Jesus. Sie redeten und redeten; denn ihr Herz lief über vor Traurigkeit. Sie merkten gar nicht, dass noch einer mit ihnen unterwegs war.

„Auch von Jerusalem?", fragte der Fremde die beiden. „Ja, weg von Jerusalem!", sagten sie und gingen noch einen Schritt schneller. „Was sind das für Geschichten, die ihr da erzählt?", fragte der Fremde. „Hast du denn keine Ahnung, was in Jerusalem passiert ist?", war ihre Antwort. „Was denn?", fragte er nur. „Jesus, den neuen König, unseren Herrn, haben sie gekreuzigt. Die Mächtigen haben ihn getötet." Sie erzählten dem Fremden alles, was sie erlebt hatten. Erinnerungsgeschichten von Jesus. Und je weiter sie kamen, um so trauriger wurden sie. „Ihr kennt doch die Geschichten der Propheten in der Bibel. Wer von denen wurde nicht verfolgt. Selbst der Tod widerlegt noch gar nichts!", sagte ihnen der Fremde. „Wir sind ganz durcheinander", sagten die beiden, „die Frauen haben Engel an seinem Grab gesehen, die sprachen: ‚Er lebt!', und die Frauen glauben das auch noch." „Oh, ihr Toren und Narren, musste es nicht alles so kommen, wie es gekommen ist?", fragte der Fremde, „Christus musste doch sterben, um auf diesem Weg Licht für alle zu werden." Und der Fremde erzählte ihnen alles, was bei Mose und den Propheten von Jesus, dem Gottessohn, geschrieben steht.

So kamen sie in das Dorf Emmaus, dem Ziel ihres Weges. Der Fremde wollte weitergehen. Sie baten ihn dringend: „Herr, bleibe bei uns; denn es will Abend werden, und der Tag hat sich geneigt." Er ging mit ihnen und blieb bei ihnen. Als sie zusammen zu Abend aßen, nahm der Fremde das Brot, dankte, brach es und gab es den beiden. Mit einem Mal erkannten sie: So hatte Jesus beim letzten Abendmahl das Brot gebrochen und viele Male vorher. Ihnen gingen die Augen auf. Und im gleichen Augenblick entschwand er ihren Blicken. Als er fort war, redeten sie miteinander: „War unser Herz nicht Feuer und Flamme, als er uns die Schrift auslegte, auf dem Weg, als er uns die alten Geschichten erzählt hat? Kehrte da nicht unsere Begeisterung wieder zurück? Warum haben wir es erst so spät gemerkt?" Sofort standen Kleopas und Lukas auf und kehrten nach Jerusalem zurück, der mörderischen Stadt, aus der sie eigentlich fliehen wollten.

Es war schon tiefe Nacht, als sie nach dem langen Weg ankamen. Sie fanden die Jüngerinnen und Jünger beieinander. Mit guten Nachrichten empfing man die beiden: „Hört, was geschehen ist. Jesus ist auferstanden, der Herr ist wahrhaftig auferstanden und dem Simon erschienen." So erstaunt waren die beiden nicht. Sie erzählten alles, was sie auf dem Weg nach Emmaus erlebt hatten, und dass sie ihn erst erkannten, als er das Brot mit ihnen brach. „Und wir dachten: Es ist alles aus und vorbei! Und dabei fängt alles erst richtig an!" Jesus erschien ihnen allen. Weil sie immer noch Angst hatten und dachten, sie seien von Gespenstern umgeben. Er zeigte ihnen die Nägelmale und die Wunde an der Seite. „Fürchtet euch nicht!", sagte er jedes Mal. Nein, Angst sollten sie nicht mehr haben.

Kirchengeschichten

„Nein“, antwortete der farbige Minister, „kein Wort! Aber wenn du eine Ahnung hast, dann komm mit mir und erkläre mir den Sinn.“ Philippus reiste mit ihm durch die Wüste und erzählte dem vornehmen Mann von Jesus: „Der hat alles auf sich genommen, was uns von Gott trennt. Er ist der Knecht. Er wurde getötet und ist auferstanden und er ist der Erlöser für alle Welt! Das spricht sich herum, nicht nur in Jerusalem. Viele Menschen lassen sich taufen, weil sie dazugehören wollen!“ „Toll“, sagte der Farbige, „kann ich auch dazugehören?“ Noch nie hatte ein Farbiger um die Taufe gebeten. Philippus besann sich: „Wie war er an diesen Ort gekommen? Wer hatte ihn geschickt? Das war also die Absicht Gottes. „Komm“, drängelte der Minister, „hier fließt Wasser – mitten in der Wüste. Was liegt näher, als mich jetzt zu taufen? Ich möchte zu Jesus gehören!“ Gesagt – getan. Sie hielten an, stiegen aus und Philippus taufte den ersten Farbigen in der Geschichte der Christenheit.

So wie Philippus erschienen war, so verschwand er auch wieder. Was blieb, war seine Predigt: „Es macht keinen Unterschied, ob einer farbig ist oder weiß. Wir sind alle Töchter und Söhne Gottes. Gott ist nämlich farbenblind.“ Und wer Philippus genau ansah, entdeckte in seinen Augenwinkeln ein verschmitztes Blinzeln – immer, wenn er von dieser Straßentaufe erzählte.

Wie aus Saulus Paulus wurde

Wo Christen von Jesus erzählten, ließen Menschen sich taufen: Sie wollten dazugehören – zu den Jesusleuten. Bald gab es überall im Land kleine, christliche Gemeinden im Verborgenen.

Doch nicht alle waren begeistert: „Wie kann man Anhänger dieses Mannes aus Nazareth werden, wo der doch am Kreuz hingerichtet wurde?", so fragten sie sich und für sie stand fest: „Dieser Jesus war ein Verbrecher und kein Mensch von Gott. Dieser Jesus war gefährlich und ist es – leider Gottes – heute immer noch." Die Christen hatten es nicht leicht. Sie wurden verfolgt. Einen Mutigen von ihnen, den Stephanus, hatten die Feinde Jesu gesteinigt – so lange mit Steinen beworfen, bis er starb.

Viele flohen aus Jerusalem in andere Städte und Dörfer. Dort gründeten sie neue Gemeinden. Ananias kam sogar bis nach Damaskus, wo er viele Menschen taufte. Die Gemeinden wuchsen und wuchsen und hielten zusammen. Das sprach sich herum. Niemand konnte es mehr verheimlichen.

Der härteste Verfolger der Christen war Saulus aus Tasus. Er hatte eine gute Synagogenschule besucht. Er war der Beste. Wenn man aber auf die Christen zu sprechen kam, wurde er rot vor Zorn und bekam jedes Mal einen Wutanfall. Er ging zum Hohenpriester und erklärte: „Ich will für Ruhe und Ordnung in den Synagogen sorgen – besonders in Damaskus. Gib mir eine Bevollmächtigung, damit ich untersuchen kann, ob dort Jesusleute ihr Unwesen treiben." Nur zu gerne schrieb der Hohepriester den offiziellen Auftrag zur Verfolgung.

Mit diesem Brief zog Saulus nach Damaskus. Er wollte die Christen ausrotten, ihnen das Handwerk legen, sie mundtot machen. Keiner sollte mehr von Jesus reden. Niemand sollte sich an ihn erinnern. Völlig vergessen sollte dieser Jesus sein! „Ich werde sie verfolgen", sagte er sich immer wieder auf dem weiten Weg von Jerusalem nach Damaskus, 250 Kilometer lang. Kurz vor dem Ziel geschah etwas Unvorstellbares: Ein Licht umleuchtete ihn vom Himmel. Geblendet fiel er auf die Erde. Er hörte Jesu Stimme: „Saulus, Saulus, warum verfolgst du mich? Was habe ich dir getan?" Genau die gleiche Frage, die David dem König Saul gestellt hatte: „Saul, Saul, warum verfolgst du mich?" Saulus kannte sich gut aus in der Bibel.

Er wusste Bescheid. Er fragte erschrocken: „Was soll ich tun?" Jesus antwortete: „Geh nach Damaskus, dort wird man dir sagen, was du tun sollst." Als Saulus sich von der Erde aufrichtete, sah er nichts. Er war blind. Die Männer, die ihn begleiteten, standen nur sprachlos um ihn herum. Sie hatten zwar die Stimme gehört, aber niemanden gesehen. „Jetzt hat ihn der Schlag getroffen", dachten sie und führten ihn vorsichtig nach Damaskus. Er aß nichts, er trank nichts, er sah nichts, er sprach nichts. Und immer wieder hörte er in seinem Inneren die Stimme Jesu: „Saulus, Saulus, warum verfolgst du mich?"

Die Christen in Damaskus wussten nichts von dem Erlebnis des Saulus. Sie zitterten nur vor dem Verfolger, der in Damaskus eintreffen sollte. Als Gott Ananias befahl: „Geh zu Saulus, erzähl ihm von Jesus!", wehrte Ananias entsetzt ab. Doch Gott redete auf ihn ein: „Steh auf! Geh zu ihm. Leg ihm die Hand auf, damit er sehe; denn er soll mein Werkzeug werden. Ein Werkzeug Gottes." Ananias machte sich auf den Weg zu Saulus. Er fand den Verfolger. Saulus lag auf den Knien und betete:

„Zeig mir den richtigen Weg, damit ich wieder lebe." Ananias legte ihm die Hand auf und sofort konnte Saulus wieder sehen. Ananias setzte sich zu Saulus, dem Christenverfolger, und erzählte ihm von Jesus. Saulus ließ sich taufen und wurde selbst zum Christen. Er wollte nicht mehr länger gegen Jesus kämpfen, sondern für ihn streiten.

Ja, er wurde sogar zu einem berühmten Prediger, der viele christliche Gemeinden gegründet hat, die ersten in Europa waren dabei. Das war, wo die Menschen griechisch sprachen, sie nannten ihn Paulus. Ananias und Paulus brachen das Brot, tranken Wein und feierten das neue Leben. „Mir ist ein Licht aufgegangen", sagte Paulus immer wieder, „so viele Bibelstellen erzählen von

Jesus. Ich kannte ihn eigentlich schon ganz lange, ohne es zu wissen. Ich wusste viel, aber ich konnte es nicht verstehen."

In Damaskus hatte Gott die Christen vor dem grimmigen Verfolger gerettet; aus ihm einen der größten Freunde Jesu gemacht. Diese Geschichte erzählten die Christen immer wieder – besonders in schweren Zeiten, um sich gegenseitig Mut zu machen – bis auf den heutigen Tag.

Bis Rom kam Paulus später auf seinen Missionsreisen. Lukas, der Geschichtenschreiber, berichtete darüber in der Apostelgeschichte. In der Hauptstadt des römischen Reiches starb Paulus den Märtyrertod, als Kaiser Nero die Christen verfolgte. Aber auch das war nicht das Ende. Den neuen Geist Jesu, den konnte keine Macht der Welt aufhalten.

Vernünftig Gottesdienst feiern

Paulus tobte, wieder einmal: „Wie die Korinther Gottesdienst feiern, wie sie zusammenkommen, das ist mehr schädlich als nützlich. Und es gibt die einen, die mit den anderen nichts zu tun haben wollen. Die einen essen sich bei den Abendmahlfeiern, den Liebesmahlen, fett und satt, und die anderen, die später kommen, weil sie noch arbeiten müssen, die gehen leer aus und bleiben hungrig." Und genau so war es. Sie hatten noch keine Kirchen, die ersten Christen, geschweige denn einen Dom oder eine Kathedrale.

Sie trafen sich bei einem Mitchristen immer reihum, oder dem Gemeindevorsteher, dem Presbyter, wie sie ihn nannten. Oft waren das Frauen, die damals eine große Rolle in der Gemeindeleitung spielten, zum Beispiel Lydia in Philippi. Vielleicht war sie die erste Gemeindevorsteherin in Europa. Am Sonntag, dem Tag der Auferstehung Jesu, trafen sich die Christen am Abend, denn es gab keinen freien Sonntag. Sie brachten ihr Abendbrot mit, wenn sie von der Arbeit kamen, und teilten es mit denen, die schon da waren. Die Reichen waren schon lange da. Sie trafen sich bereits am Nachmittag, aßen und tranken. Einige waren schon betrunken, wenn die Armen kamen. Die hatten sie – wie so oft – vergessen.

„Das ist unmöglich", empörte sich Paulus, „das ist eine Beleidigung der armen Mitchristen! So könnt ihr keinen Gottesdienst und schon gar kein Abendmahl gemeinsam feiern. Wir Christen gehören zusammen, sind Schwestern und Brüder Jesu, Kinder Gottes. Das Abendmahl ist ein Friedensmahl, der Bundesschluss Gottes mit uns Menschen, in dem er uns immer wieder die Hand zum Frieden mit uns reicht. Das ist wichtig. Das dürft ihr nicht vergessen. Christus stärkt uns mit Brot und Wein. ‚Das ist mein Leib! Das ist mein Blut!', sagt Jesus, wenn wir die Gaben empfangen. Wir erinnern uns jedes Mal an ihn. Wir gehören zu ihm.

Wir danken Gott dafür, dass Christus unter uns lebendig ist. Und ihr Reichen meint, ihr wärt besser als die armen Christen. Schämt ihr euch nicht? Esst euch zu Hause satt. Trinkt zu Hause! Aber benehmt euch nicht so, als würdet ihr zu einem Gelage zusammenkommen, wenn ihr Gottesdienst feiert. Das ist im höchsten Grade unwürdig. Wie ein vernünftiges Abendmahl gefeiert wird, das besprechen wir, wenn ich euch besuche. Achtet darauf: Wenn ihr miteinander esst und trinkt, verkündigt ihr Jesu Tod und Auferstehung, bis er kommt. Vergesst das nicht!"

Geo
2009

Niemand ist eine Niete

Paulus machte sich Sorgen. In der Korinther Gemeinde stritten sich die Leute. Jeder bildete sich ein, der Größte zu sein. Paulus hörte von dem Streit und schrieb ihnen wieder einen Gemeindebrief:

„Es gibt unter euch viele Begabungen, alle sind wichtig, aber das Wichtigste ist: Es gibt nur einen Geist, den Geist der Liebe, den Geist Jesu. Ihr habt verschiedene Ämter, aber es gibt nur einen Herrn, und der heißt Jesus. Es herrschen unter euch verschiedene Kräfte, aber nur einer kann in diesen Kräften wirken: Gott allein. Der eine kann weise reden – nur aus dem Geist; ein anderer erkennt, was die Welt zusammenhält – nur aus dem Geist; wieder einer, der hat einen Glauben, der Berge versetzen kann – nur aus dem Geist; einer kann Menschen wieder gesund machen – nur aus dem einen Geist.

Wir sind alle getauft mit diesem einen Geist: im Namen des Vaters und des Sohnes und des Heiligen Geistes. Alle sind wir von diesem Geist erfüllt, ob wir nun Juden sind oder Griechen, Sklaven oder freie Menschen. Wenn ihr das nun immer noch nicht verstanden habt, will ich euch ein Beispiel sagen, das werdet ihr verstehen:

Betrachtet euch einmal selber. Euer Leib besteht auch nicht aus einem einzigen Körperteil. Wenn zum Beispiel euer Fuß sagt: Ich bin ja keine Hand, darum gehöre ich nicht dazu. Und wenn das Ohr spräche: Ich bin ja kein Auge, ich will auf keinen Fall dazugehören. Wenn der ganze Körper Auge wäre, wo bliebe das Gehör. Wenn der ganze Leib Gehör wäre, wo bliebe der Geruch? Es sind viele Glieder, aber alle zusammen sind ein Leib. Niemand kann sagen: Ich brauche dich nicht, du bist überflüssig!

Keiner darf das sagen. Jeder ist wichtig für jeden. Eine für den anderen. Ihr habt das verstanden. Und einer achte auf den anderen und auf die andere; denn wenn ein Glied leidet, so leiden die anderen mit. Wenn aber einer von euch geehrt wird, so freuen sich alle mit ihm. Niemand überhebe sich über den und die anderen. Niemand ist eine Niete, und wenn vielleicht doch, dann haltet ihr das Schiff, das sich Gemeinde nennt, zusammen. Eine großartige Begabung ist das. Das ist mir sehr wichtig, euch das gesagt zu haben. Euer Paulus aus Ephesus." Geschrieben von Timotheus.

Das große Lied der Liebe

Paulus schrieb weiter an die Korinther, diktierte Timotius, und Titus, sein Freund, der sammelte die Briefe und brachte sie in die schwierige Gemeinde von Korinth.

„Was hält die Christen zusammen?",
fragte sich Paulus und verfasste das große Lied der Liebe:

Wenn ich alle Sprachen der Welt sprechen
und sogar mit Engelszungen reden könnte,
habe ich aber keine Liebe in mir,
so bin ich wie eine Orgel ohne Ton.

Und wenn ich einen Verstand habe,
der alles weiß und alles versteht,
und wenn ich alle Geheimnisse entschlüssele
und mein Glaube sogar Berge versetzen kann,
habe ich aber keine Liebe in mir,
ich bin nichts.

Und wenn ich mit aller Kraft gegen das Unrecht
in der Welt kämpfe
und eine gerechte Welt schaffe,
wenn die Armen keinen Hunger mehr haben
und wenn ich selbst dabei zugrunde gehe,

habe aber keine Liebe in mir,
wem nütze ich dann?

Denn:
Wenn die Liebe lebendig ist,
werden wir die Flicken unserer Lieblosigkeit beiseite legen.
Wenn die Liebe unter uns lebt,
wird sie unsere Bruchstücke zusammensetzen wie ein Mosaik.

Denn:
Die Liebe hat einen langen Atem.
Sie lebt nicht von einer großen Schau.
Sie sieht nicht nur auf ihren eigenen Vorteil;
denn sie nutzt den anderen Menschen nicht aus.
Die Liebe tut dem anderen nicht weh.
Sie lässt sich nicht durch Rückschläge entmutigen.

Die Liebe verschließt sich nicht,
nein, sie schließt die Menschen auf.
Sie liebt die Offenheit – Misstrauen ist ihr fremd.
Sie verschenkt sich – ohne Wider-Erwarten.
Sie ist das größte Geschenk Gottes an die Menschen.

Die Liebe lehrt uns die Hoffnung für morgen,
den Glauben gegen alle Lieblosigkeit heute
und knüpft das Netz für eine Welt des Friedens.

Das ist Shalom.

Die Apostelversammlung

Jesus war Jude und er lebte wie ein Jude. Er feierte den Sabbat als Jude. Er aß nur koscheres Fleisch, das heißt Fleisch von Tieren, die nach festen Regeln von einem jüdischen Metzger geschlachtet worden waren. Schweinefleisch war ihnen verboten. Juden in aller Welt richten sich bis heute nach diesen und vielen anderen Vorschriften.

Sollten diese Gesetze auch für Christen gelten? Sollten alle Christen wie die Juden leben? Das war ein ernster Streitpunkt in den ersten christlichen Gemeinden. Fast zerstritten sie sich: die Juden-Christen mit den Heiden-Christen. Einige, vor allem Jakobus, der Bruder Jesu, bestanden auf strenger Einhaltung aller jüdischen Gebote. Paulus aber, der viel in der Welt herumkam und viele Heiden-Christen-Gemeinden ins Leben gerufen hatte, bestritt das.

Er war mit Jakobus absolut nicht einverstanden: „Warum soll ein Christ aus der Türkei oder aus Griechenland kein Schweinefleisch mehr essen dürfen, nur weil er sich hat taufen lassen? Und wie sollen Christen in Anatolien einen Metzger finden, der koscher schlachten darf? Die Christen leben dort in ganz anderen Traditionen als wir Juden. Diese Vorschriften haben doch nichts mit dem Christentum zu tun!"

Der Streit wurde deswegen ernst, weil Christen, die sich an die Vorschriften hielten, nicht mehr mit den anderen zusammen essen konnten. Und zusammen essen, das wusste schon jedes Kind, hält Leib und Seele zusammen und natürlich auch die Gemeinden. Die Gemeinden drohten auseinander zu brechen und sich zu spalten. In Antiochia kam es zu wüsten Auseinandersetzungen, als Petrus erst mit den freien Heiden-Christen aß, dann aber seine Meinung änderte und die Tischgemeinschaft mit ihnen abbrach. Konnte er ihnen noch ein Freund, ein guter Apostel sein? Wohl nicht! Um eine Klärung dieser Streitpunkte herbeizuführen, versammelten sich alle führenden Christen zusammen mit den

Aposteln in Jerusalem: zum ersten Apostelkonzil in der damaligen Zeit. Nach langen Diskussionen kam man zu folgender Regelung:

Beide Formen des Christseins sind möglich. Damit aber die Tischgemeinschaft erhalten bleibt und nicht auseinander bricht, sollen die freien Christen den nach jüdischen Gesetzen lebenden Christen entgegenkommen. Sie sollen sich freiwillig Verzicht auferlegen, wenn jüdische Christen unter ihnen leben. Darüber hinaus wurde noch etwas Wichtiges beschlossen:

Reiche Christen sollen mit den Armen teilen – in der ganzen Welt. Sie dürfen nicht denken: „Was geht uns das Elend in der anderen Stadt, dem anderen Land, den anderen Gemeinden an?" Damals wurde die ‚Sammlung für die Armen' im Gottesdienst beschlossen. Sie gibt es noch bis heute in allen Kirchen und Gemeinden.

Vorbildlich war die Entscheidung des Apostelkonzils:

Christen, die wissen: ‚Jesus legt uns die Gebote nicht als Last auf!', sollen Rücksicht auf die nehmen, die sich an die Gebote gebunden fühlen; sie dürfen diese Christen nicht auslachen, verspotten oder sogar in Versuchung führen. Und die, die sich streng an die Vorschriften halten, sollen die nicht als laue Christen verachten, die Gott für ihre Freiheit danken. Wichtig ist: Wir Christen können in unterschiedlicher Weise leben und gehören zusammen!

Judas und Silas, Paulus und Barnabas zogen in die zerstrittene Gemeinde von Antiochien und überbrachten die Beschlüsse. Alle, die es hörten, waren heilfroh. So breiteten sie die gute Nachricht aus:

„Jesus macht uns frei und will, dass wir zusammengehören."

Verhaftet und befreit

Paulus zog durch die Welt und berichtete von der Apostelversammlung in Jerusalem: „Alle Menschen können Christen werden. Sie müssen nicht zuerst Juden sein!“ Er nahm seinen Freund Silas mit auf die Reisen und fand einen neuen Jünger Jesu in Kleinasien, den Timotheus. Der wurde seine rechte Hand, schrieb auf, was sich auf den Missionsreisen ereignete und welchen Gefahren sie ausgesetzt waren.

Sie gerieten immer wieder in brenzlige Situationen. „Ein Engel erschien Paulus. Er rief ihn nach Mazedonien und sie brachen sofort auf. Lydia, eine reiche Pupurhändlerin, hörte, was Paulus predigte, und Gott rührte ihr Herz an. Sie ließ sich und alle, die mit ihr in ihrem Haus wohnten, taufen und lud Paulus mit seinen Freunden ein, bei ihr zu wohnen. Eine andere Frau aber brachte ihnen viel Ärger: Sie folgte ihnen auf Schritt und Tritt. Sie konnte wahrsagen und brachte ihrem Herrn durch ihre Weissagerei eine ganze Menge Geld ein. Sie erkannte, von welchem Geist Paulus erfüllt war, und rief unentwegt:

„Sie sind von Gott, dem Allerhöchsten. Sie verkündigen das Heil für alle Menschen!“ Viele Tage lief und rief sie hinter ihnen her. Das ging ganz schön an die Nerven. Irgendwann drehte Paulus durch, drehte sich um und schrie die Frau an: „Ich befehle dir, du Wahrsage-Geist, im Namen Christi, fahr aus ihr heraus!“ Und noch in derselben Stunde fuhr er aus ihr heraus. Als aber ihr Herr erfuhr, dass seine Einnahmequelle versiegt war, nahm er Paulus und Silas und schleppte sie vor den Stadtrichter; Anklage: „Unruhestiftung durch diese beiden Juden. Reißt ihnen die Kleider vom Leib und verprügelt sie mit Stöcken.“

Nachdem man sie geschlagen hatte, warf man sie ins Gefängnis. „Bewacht sie gut; denn sie sind sehr gefährlich!“, befahl man dem Aufseher. Im Innersten des Gefängnisses legte er ihre Füße in Blöcke. Sicherer konnten sie nicht eingeschlossen werden. Doch um Mitternacht, als Paulus und Silas beteten, ereignete sich ein ungeheures Erdbeben. Die Grundmauern des Gefängnisses wankten, die Türen öffneten sich von alleine, die Blöcke sprangen auf und die Fesseln fielen den Gefangenen von Händen und Füßen. Der Aufseher fuhr aus dem Schlaf hoch und sah: Alle Türen standen sperrangelweit auf. Er zog sein Schwert und wollte sich töten; denn er dachte: „Alle sind geflohen und jetzt werde ich getötet." Paulus aber rief ihm zu: „Töte dich nicht! Wir sind alle noch hier!"

Der Aufseher zitterte am ganzen Körper. Er nahm ein Licht, um sich selber zu überzeugen, sah Silas und Paulus und fiel ihnen zu Füßen. Ja, sie waren nicht geflohen und hatten ihm das Leben gerettet. „Was muss ich tun", fragte er die beiden, „um auch meine Seele zu retten?" „Glaube an Jesus, den Herrn über alles. So werden du und dein Haus selig sein." Der Aufseher holte sie in sein Haus und ließ sich taufen, mit allen, die mit ihm wohnten. Der Stadtrichter war natürlich durch das Erdbeben auch erschüttert, vielmehr aber noch von Paulus' und Silas' Verhalten.

„Lasst sie sofort frei!", ordnete er an, sie sollen zu mir kommen. Als Paulus diese Nachricht überbracht wurde, antwortete er nur: „Soll er doch selber kommen! Sie haben uns ohne Recht und Urteil öffentlich auspeitschen lassen. Und nun wollen sie alles vertuschen. Wir sind römische Bürger und wollen unser Recht."

Der Stadtrichter und alle Verantwortlichen erschraken; denn sie hatten gedacht: „Das sind ja nur Juden. Mit denen kann man machen, was man will!" Es war ihnen mehr als peinlich. So kamen sie und redeten persönlich mit Paulus und Silas. Die beiden kamen frei, kehrten zu Lydia zurück und predigten die frohe Botschaft von Jesus. „Seid befreit!", sagten sie allen, „wir haben es heute Nacht am eigenen Leibe erfahren."

Der Kaiser soll entscheiden

Paulus und seine Freunde erfuhren noch viele schlimme Ungerechtigkeiten. Wie oft saßen sie im Gefängnis! Wie oft wurden sie von einem zum anderen verwiesen, weil die Oberen sich lieber für nicht zuständig erklärten! Wie oft wurden sie angeklagt, nur weil Menschen zum Glauben kamen, sich zu Jesus bekannten und taufen ließen! Einige Juden versuchten Paulus umzubringen, sie trachteten ihm nach dem Leben. Sie hatten sich geschworen: „Wir essen nichts und wir trinken nichts, bis wir Paulus getötet haben." Vierzig Männer waren es, eine verschworene Gemeinschaft.

Mit zweihundert Soldaten als Schutz brachte ein römischer Oberst Paulus nach Cäserea. „Der Statthalter Felix soll entscheiden", schrieb der Oberst. Als sie dort ankamen und Felix den Brief des Oberst las, war ihm der Fall Paulus zu heiß. So ließ er ihn erst einmal verhaftet, „bis die Ankläger hier sind", meinte er. Sie kamen, aber der Prozess zog sich hin, über Jahre. Paulus wollte nicht von den Juden verurteilt werden; denn er wusste, wie das Urteil ausfallen würde – ähnlich wie bei Jesus. „Ich will vor den Kaiser", sagte Paulus immer wieder und dachte, „dort geht es gerechter zu als bei uns."

Bei allen Verhören, und davon gab es viele, hatten die Verantwortlichen Zweifel. Ihnen fehlten die Beweise für die schweren Vorwürfe. Und nur weil sie unterschiedlicher Meinung in den Fragen ihres Glaubens waren und weil dieser Paulus von einem toten Jesus behauptete, er würde leben, deshalb konnten sie ihn nicht zum Tod verurteilen.

Ein Schiff sollte sie nach Rom bringen; doch es erlitt Schiffbruch. Ein Engel tröstete Paulus: „Niemand wird umkommen, ihr werdet alle gerettet." Sie landeten auf der Insel Malta. Drei Monate blieben sie dort bei freundlichen Menschen. Sie trachteten ihnen nicht nach dem Leben. Dann aber brachen sie nach Rom auf. Den Jesusleuten eilte schon ihr Ruf voraus: Die einen waren begeistert und die anderen waren gegen sie. Paulus predigte von morgens bis abends. Doch überzeugen konnte er nicht alle und das wurmte ihn. „Das Herz dieses Volkes ist verstockt, ihre Ohren hören schwer und ihre Augen lassen sie verschlossen, nur, damit ihre Herzen nicht verstehen und sie sich nicht zu Jesus bekehren."

Mit solchen Tönen machte er sich nicht nur Freunde. Trotzdem blieb er zwei ganze Jahre in Rom in seiner eigenen Wohnung und predigte vom Reich Gottes und von seinem Herrn Jesus Christus. Er wartete auf seinen Prozess, war Gefangener des römischen Kaisers und stand unter Hausarrest. Paulus wurde am Ende hingerichtet. Die frohe Botschaft von Jesus aber konnte niemand aufhalten. Selbst ein mächtiger Kaiser nicht.

Das Ende der Welt

Das Neue hatte sich nicht durchsetzen können in der alten Welt. Jesu Geist geriet immer mehr unter die Räder. Gott hatte mit Menschen- und mit Engelszungen zu den Völkern geredet, ohne Erfolg.

So fuhr ein Engel vom Himmel auf die Erde, es wurde strahlend hell von seinem Schein. Niemand konnte sich vor den hellen Strahlen verbergen. Die Menschen hörten ein Stimme in ihrer Sprache:

„Die große Welt ist zur Heimat des Teufels geworden, ein Zuhause aller bösen Geister, ein Gefängnis aller geknechteten Tiere. Mit den Versprechungen der Mächtigen haben sich die Völker betrunken gemacht und die Konzernherren sind reich geworden.

So herrlich, wie sie gelebt haben, soviel Qual und Leid erfahren sie jetzt; denn ihre Sünden reichen bis zum Himmel – und Gott vergisst keinen ihrer Frevel. Die Kaufleute werden heulen; denn niemand kauft mehr ihre Waren. Gold und Silber, Edelsteine und

Perlen, Samt und Seide – alles ist wertlos. Selbst Stahl und Eisen, Holz und Stein – alles hat keinen Wert. Aller Luxus zerschmilzt wie Fett unter der Sonne. In einer Stunde wird der Reichtum verwüstet sein."

Die Seefahrer auf den Meeren sahen den Rauch zum Himmel steigen und schrien vor Entsetzen; denn sie fuhren den Überfluss von einer Stadt zur anderen – aber die gab es nun nicht mehr. Die Lichter auf der Erde erlöschten, die Stimmen der Sänger verstummten, die Posaunen schwiegen und die Mühlen hörten auf zu mahlen.

Die aber kein Blut an den Händen hatten, die nicht reich geworden waren und andere Menschen nicht unterdrückten, die Heiligen vor Gott, die lobten Gott mit Stimmen wie Meeresbrandung und Gewitterdonner:

„Halleluja, denn Gott der Herr hat seine Welt wiederbekommen. Wir wollen tanzen und singen, uns freuen und fröhlich sein; denn nun können wir Hochzeit feiern: Die Erde gehört dem Herrn."

Die falschen Propheten verbrannten wie Pech und Schwefel, die Kriegsmaschinerie zerschmolz im feurigen Vulkan. Ein Engel kam vom Himmel. In seinen Händen hielt der den Schlüssel zum Abgrund und eine starke Kette. Er ergriff den Satan und fesselte ihn für viele tausend Jahre. Er warf ihn in den Abgrund, verschloss ihn und versiegelte den Eingang, damit er die Völker nicht mehr verführen könne.

Der Traum vom neuen Leben

Endlich war alles neu: ein neuer Himmel und eine neue Erde. Das Alte war vergangen, vergiftet, verseucht, verkommen, zu nichts mehr nütze. Das Neue war für die Menschen ‚Der Himmel auf Erden'.

Das neue Jerusalem wächst vom Himmel herunter auf die Erde – ungewöhnlich, aber wahr; denn Gott persönlich plante Stadt und Land. Gott wohnt bei den Menschen und die Menschen werden alle zu Gotteskindern. Er kümmert sich um alle – und sie lassen es sich gerne gefallen. Alle geweinten Tränen wischt Gott den Menschen aus ihren Augen. Es gibt keinen Tod mehr und kein Leid, niemand leidet mehr Schmerzen, weder an seinem Körper noch an seiner Seele.

„Seht, ich mache alles neu!", sagt Gott zu den Menschen und er hält sein Versprechen. Die Menschen kommen aus dem Staunen nicht mehr heraus.

Die neue Stadt, gebaut vom Himmel herunter, glänzt in hellem Licht. Die zwölf Tore stehen auf den Grundmauern riesengroßer Edelsteine, auch zwölf an der Zahl. Der Marktplatz ist mit Gold überzogen. Darauf spielen die Kinder: Sie singen und tanzen, hüpfen und springen. Es gibt keinen Streit und nirgends auf der Welt gibt es ein Verbotsschild. Die Menschen musizieren zur Ehre Gottes. Niemand macht einem anderen das Leben mehr zur Hölle; denn sie haben ja den Himmel auf Erden. Die Tore der Stadt stehen immer offen: dass kein Mensch ein eigenes Licht braucht – jeder strahlt vor Glück. Niemand tappt mehr im Dunkeln. Von Gottes Thron fließt frisches, reines Wasser, der Strom des Lebens. Der Strom tränkt alle Bäume in der Stadt. Die tragen zwölf Mal im Jahr Früchte und ihre Blätter heilen die Menschen rund um die Erde.

Auf den Stirnen der Menschen steht der Name Gottes geschrieben; denn diesen Namen haben sie alle in ihren Köpfen. Jeder

Geo
2001

kann es sehen und lesen. Gott erleuchtet die Menschen, so strahlen sie alle in seiner Herrlichkeit. „Der Mensch ist nun wieder ein Ebenbild Gottes", sagen sie zueinander und sind von Herzen froh:

„Endlich leben wir im himmlischen Jerusalem und atmen die Unendlichkeit." Gott ist endgültig bei den Menschen zu Hause und die Menschen sind wieder mit Gott auf Du und Du – ganz gleich welcher Religion und welcher Hautfarbe sie angehören. Es gibt keine Armen mehr; denn Gott gibt jedem, was er braucht zum Glücklichsein. Seine Gerechtigkeit umspannt die Erde. Das goldene Zeitalter aus Licht und Güte, aus Lebensstrom und Immergrün hat begonnen.

Bibelstellen und Autoren

Alle nicht namentlich gekennzeichneten Geschichten sind von Uwe Seidel.

Aus dem Alten Testament

Urgeschichten

1.	Abraham zieht aus	Genesis 12
2.	Abraham und die bildhübsche Sarah	Genesis 12
3.	Abraham und sein Neffe Lot	Genesis 13
4.	Lot in Sodom	Genesis 18,19
5.	Abraham will Isaak opfern	Genesis 22
6.	Die beiden Brüder Esau und Jakob	Genesis 25
7.	Jakob lügt wie gedruckt	Genesis 27
8.	Die Jakobsleiter	Genesis 28

Josefgeschichten

9.	Josefs Angeberei (Netz)	Genesis 37
10.	Josef im Hinterhalt (Netz)	Genesis 37
11.	Josef in Ägypten (Netz)	Genesis 39
12.	Josef im Gefängnis (Netz)	Genesis 40
13.	Der Pharao träumt (Netz)	Genesis 41
14.	Josef und seine Brüder (Netz)	Genesis 42-45
15.	Wie aus Freunden Sklaven werden (Netz)	Genesis 46-50

Mosegeschichten

16.	Mose liegt in den Binsen (Netz)	Exodus 2
17.	Der Hitzkopf (Netz)	Exodus 2
18.	Der brennende Dornbusch (Netz)	Exodus 3
19.	Mose beim Pharao (Netz)	Exodus 7-11
20.	Das letzte Mahl (Netz)	Exodus 12
21.	Sie ziehen aus (Netz)	Exodus 13,14
22.	In der Wüste (Netz)	Exodus 16,17
23.	Die zehn Gebote (Netz)	Exodus 19,20
24.	Der Tanz um das goldene Kalb (Netz)	Exodus 32
25.	Der neue Bund (Netz)	Exodus 33
26.	Das gelobte Land (Netz)	Exodus 33,34

Davidgeschichten

27. David und Goliath (Masanek)	1.Samuel 17
28. David und sein Freund Jonathan (Masanek)	1.Samuel 20
29. Saul gegen David (Masanek)	1.Samuel 21-24
30. David und die schöne Batseba (Masanek)	2.Samuel 11
31. Natan liest David die Leviten (Masanek)	2.Samuel 12

Erinnerungsgeschichten

32. Der Anfang vom Ende	Psalm 137
33. Der Anfang der Welt	Genesis 1
34. Das Paradies	Genesis 2
35. Die Schlange und der Sündenfall	Genesis 3
36. Kain und Abel	Genesis 4
37. Die Sintflut	Genesis 6-9
38. Der Turmbau zu Babel	Genesis 11
39. Jona auf der Flucht	Jona 1-3
40. Daniel in der Löwengrube	Daniel 6

Aus dem Neuen Testament

Jesusgeschichten

41. Die Sache mit dem Engel	Lukas 1
42. Die Weihnachtsgeschichte	Lukas 2
43. Die Weisen aus dem Morgenland	Matthäus 2
44. Flucht und Kindermord	Matthäus 2
45. Jesus wird getauft	Lukas 3
46. Die Versuchung in der Wüste	Lukas 4
47. Menschenfischer	Lukas 5
48. Steh auf und geh (Netz)	Lukas 5
49. Die frohe Botschaft	Lukas 6
50. Der Hauptmann von Kapernaum (Netz)	Lukas 7
51. Die Stillung des Sturms (Netz)	Lukas 8
52. Die Speisung der Fünftausend (Netz)	Lukas 9
53. Der barmherzige Samariter	Lukas 10
54. Das verlorene Schaf (Viertel)	Lukas 15
55. Die Tochter des Jairus	Lukas 8
56. Der Junge aus Nain	Lukas 7
57. Der Streit mit den Klugen und Reichen	Lukas 11

Passionsgeschichten

Kirchengeschichten

Die Autoren

Uwe Seidel, Jahrgang 1937 aus Soest in Westfalen. Engagement in der Jugendarbeit, studierte Evangelische Theologie in Wuppertal. Berufung ins Volksmissionarische Amt der Evangelischen Kirche im Rheinland, weitere Stationen waren die Ev. Thomaskirchengemeinde in Düsseldorf und die Kirchengemeinde Köln-Klettenberg. Seit 1965 erarbeitet er neue Gottesdienste und Gemeindeveranstaltungen. Er sammelt Neue Geistliche Lieder und veröffentlicht sie. Gleichzeitig leitet er Großveranstaltungen auf den Deutschen Evangelischen Kirchentagen und Katholikentagen.

Georgia Andrzejewski, Jahrgang 1930. Ausbildung zur Krankenschwester. Seit 1959 Franziskanerin von Waldbreitbach, 1976–1991 Generalsekretärin der Ordensgemeinsachft. Ausgebildet in freiem Zeichnen und Malen bei der Darmstädter Studiengemeinschaft mit erfolgreichem Abschluss.

Hans-Jürgen Netz, Jahrgang 1954, geboren in Bredstedt im Kreis Nordfriesland. Studium der Sozialpädagogik in Düsseldorf-Kaiserswerth. Viele Texte für Neue Geistliche Lieder und Kinderlieder stammen aus seiner Feder. Seit 1973 in unterschiedlichen Funktionen beim Deutschen Evangelischen Kirchentag.

Gaby Masanek, Jahrgang 1969, geboren in dem Mosel-Städtchen Traben-Trabach. Sie studierte an der kirchlichen Hochschule in Wuppertal, dann evangelische Theologie in Heidelberg und Mainz, Ergänzungsstudium der Diakoniewissenschaft. Von 1995 Vikariat an der Johanneskirche in Köln-Klettenberg, dort auch Pfarrerin zur Anstellung und seit 2001 Pfarrerin. Dazwischen 1997-98 Fortbildung und Begleitung Ehrenamtlicher im Amt für Diakonie.

Eberhard Viertel, Jahrgang 1936, geboren in der Nähe von Breslau. Er studierte evangelische Theologie in Bonn und Hamburg. Dann 1964 Pfarrer in Kirn an der Nahe und von 1970 bis 1998 an der Johanneskirche in Köln-Klettenberg. Seine Arbeitsschwerpunkte sind die Versöhnung mit Polen, die Integration von Menschen mit geistigen Behinderungen in die Kirchengemeinde und die Zusammenarbeit mit der Synagoge.